JN174119

本当に正しい医療が、終活を変える

お金と病気で悩まない！

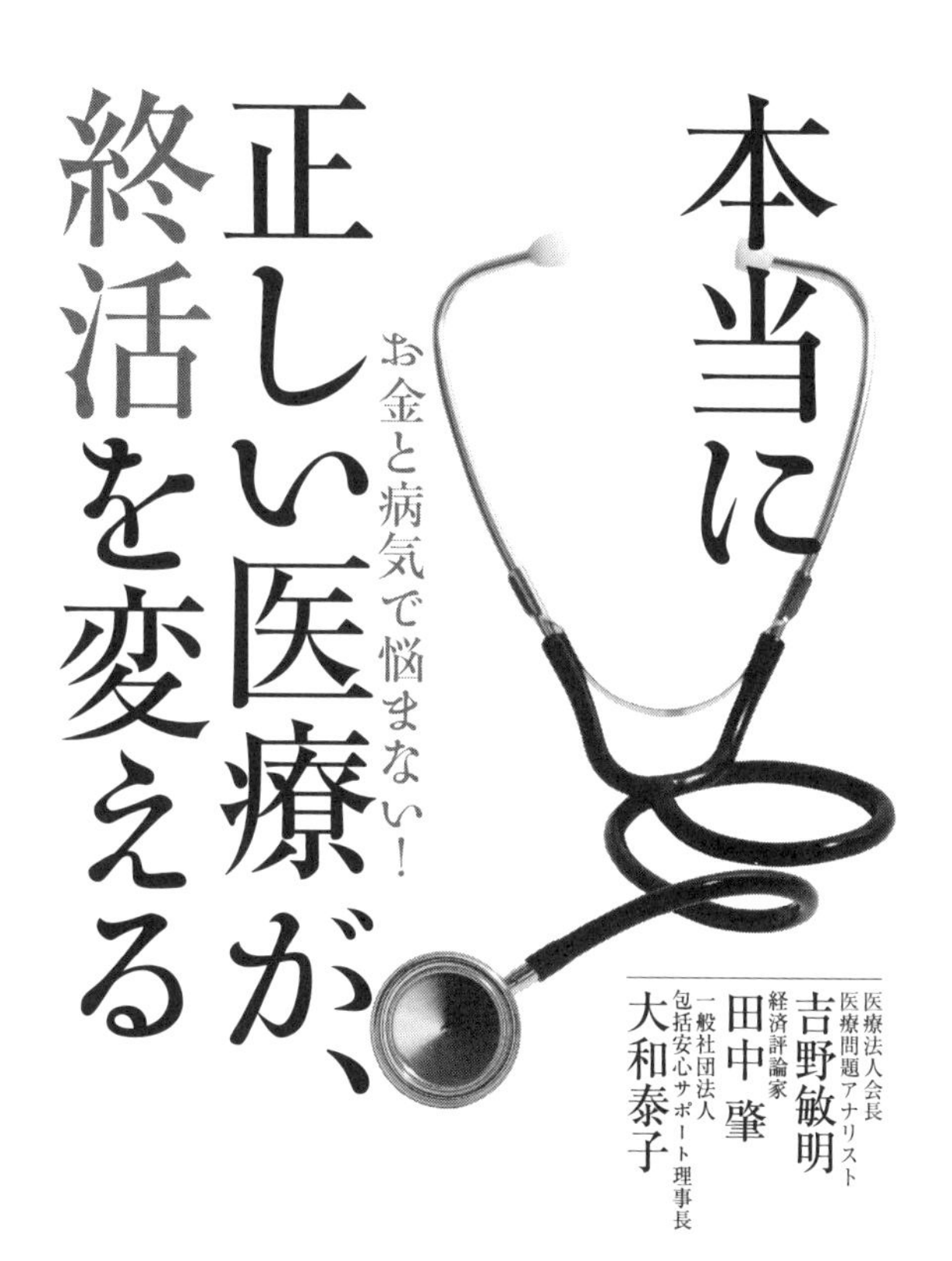

医療法人会長
医療問題アナリスト
吉野敏明

経済評論家
田中 肇

一般社団法人
包括安心サポート理事長
大和泰子

かざひの文庫

序章

なぜ歯科医が終活の本を書くのか

●歯科医療は命、介護、精神疾患に大きく関与

なぜ歯科医師の私が人生の締めくくりの活動である終活の本を書くのでしょうか。その前に、ちょっと歯科医師と現在の人生の締めくくりである、後期高齢者の事情についてお話ししたいと思います。

まず、歯科医師についてです。一般に、歯科医師とは歯の医師、あるいは口の中の医師と思われていますが、口とは酸素を取り込むための呼吸、栄養を取り込むための咀嚼(そしゃく)と嚥下(えんげ)、そして人とコミュニケーションを取るための言語を掌る臓器であり、これらを治療するのも歯科医師です。

若く健康な時は虫歯で歯が痛いくらいでないと歯科医師にはお世話にならないかも

しれませんが、高齢になり、咀嚼や嚥下が困難になると、これらの治療をしなければ、それは即、死を意味します。高齢になればなるほど、歯科治療によって、寿命だけでなく、もっと大事な『健康寿命』を延ばせるからです。

健康寿命とは「健康上の問題で日常生活が制限されることなく生活できる期間」と定義されています。健康寿命が終わるとは、車椅子に乗らなければ移動できない、認知症になって自分で判断できない、排泄が自分一人でできない、というイメージがあるかもしれません。しかし健康寿命が終わるとは、これらだけでなく、食や睡眠、呼吸などが不自由になることも意味します。例えば、とろみ食や嚥下食といった特別な食事でなければ食べることができない、入れ歯が合っていないので食いしばれなくて寝返りが打てない、入れ歯を入れていないので舌根がのどのほうに落ちて自発呼吸ができない、そういった方の治療や、口腔ケア（口の中の微生物を減らすこと）で誤嚥性肺炎を予防するなど、歯科が健康寿命を延ばす貢献は極めて大きいのです。

さらに、大臼歯（だいきゅうし）（奥歯）の欠損が多ければ多いほど、寝たきりの率が高く、寿命が短くなるばかりでなく、認知症の発症率も高くなるのです。つまり、命にも、介護にも、精神疾患にも、歯科医療は大きく関係しているのです。

現在、平均寿命と健康寿命の間には、男性で約9年、女性で約13年もの差があります。寿命を延ばすこと以上に健康寿命を延ばすことが重要です。理想は、健康寿命＝その人の寿命、です。

つまり、歯科医師の仕事はこれまで、虫歯や歯周病などの「元気で歩いて歯科医院に来る人の病気」を治すことでしたが、現在では「介護の必要な人、寝たきりの人の命と健康を救う仕事」に変わりつつあるのです。

●人類史上初の超々高齢社会へ突入する日本

次に要介護者の多い後期高齢者のお話です。後期高齢者とは、75歳以上の方（寝たきりの場合は65歳以上）を治療する年齢の医療制度上の区分です。この年齢の方は、介護を受ける方が極めて多いのが特徴です。

要介護者認定者の人数は、介護保険がスタートした1999年当時の218万人から、2013年では564万人へと2.6倍に、介護サービス費の推移は、2000年の3.6兆円から2014年では10兆円へ激増（厚生労働省介護保険事業状況報告より）、介護保険の当初は入居サービスがほとんどでしたが、現在では介護サービスを受ける方が激増していることもあり、在宅系サービスが6割以上を占めています。

ところで、2025年問題、という言葉が現在盛んに叫ばれています。2025年問題とは、団塊の世代といわれている1947〜1949年生まれの方たちが75歳（後期高齢者）を迎えてしまう、医療と介護と福祉の問題です。この段階の世代は約800万人もおり、現在1500万人程度の後期高齢者人口が、2025年には約2200万人まで膨れ上がると予測されており、我が国の4人に1人は後期高齢者という超高齢社会となってしまうのです。

日本は有史以前の建国以来、ずっと人口が増え続けてきました。江戸時代末期には3000万人いたと考えられた日本の人口。僅か134年で4倍の1億2000万人にまで増大し、その後２００５年からは人口減少社会に転じた一方、65歳以上の高齢者数については２０４０年頃まで増え続けると推計されています。そして後期高齢者については、２０５０年頃まで増加傾向が続くと見込まれています。

現在２０１６年から２０５０年までの34年間は、地球上誰も経験したことのない、超々高齢社会が我が国に訪れるのです。つまり、介護や福祉問題の解決に関して、これまでの経験や法則では全く立ち行かないのです。まさに人類史上初の未体験ゾーンに我が国が世界で最初に突入するのです。これは本当に大きな問題です。

●国民の10人に一人がタックス・イーター

２０００年から始まった介護保険。試行錯誤と改正をしながら現在で18年目を迎えています。40歳から64歳までの方は、末期癌や関節リウマチ、筋萎縮性側索硬化症（ＡＬＳ）、骨折を伴う骨粗鬆症、老期における認知症（アルツハイマー病、血管性認知症、レビー小体病等）、パーキンソン病関連疾患など、特定の12疾患で受給が可能で

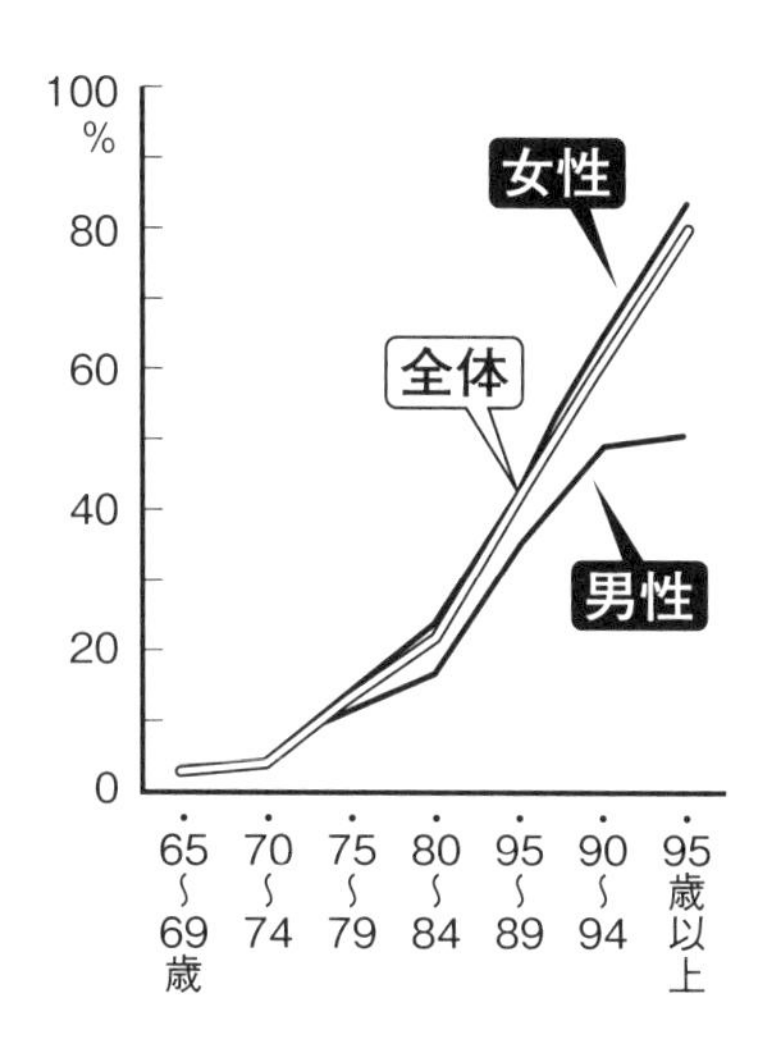

図1　年代別の推定認知症有病率（厚生労働省研究班）

すが、これらの年代の方の受給率は非常に低く、僅か3％で、なんと65歳以上が97％です。75歳では約3分の1の方が介護保険を受給しており、80歳以上では78％が受給しています。つまり、年齢が上がれば上がるほど、介護保険を受ける頻度が激増するわけです（図1）。

65歳以上の高齢者のうち、認知症の人は推計15％で、2012年時点で約462万人もいることがわかり、認知症になる可能性がある軽度認知障害（MCI）の高齢者も約400万人い

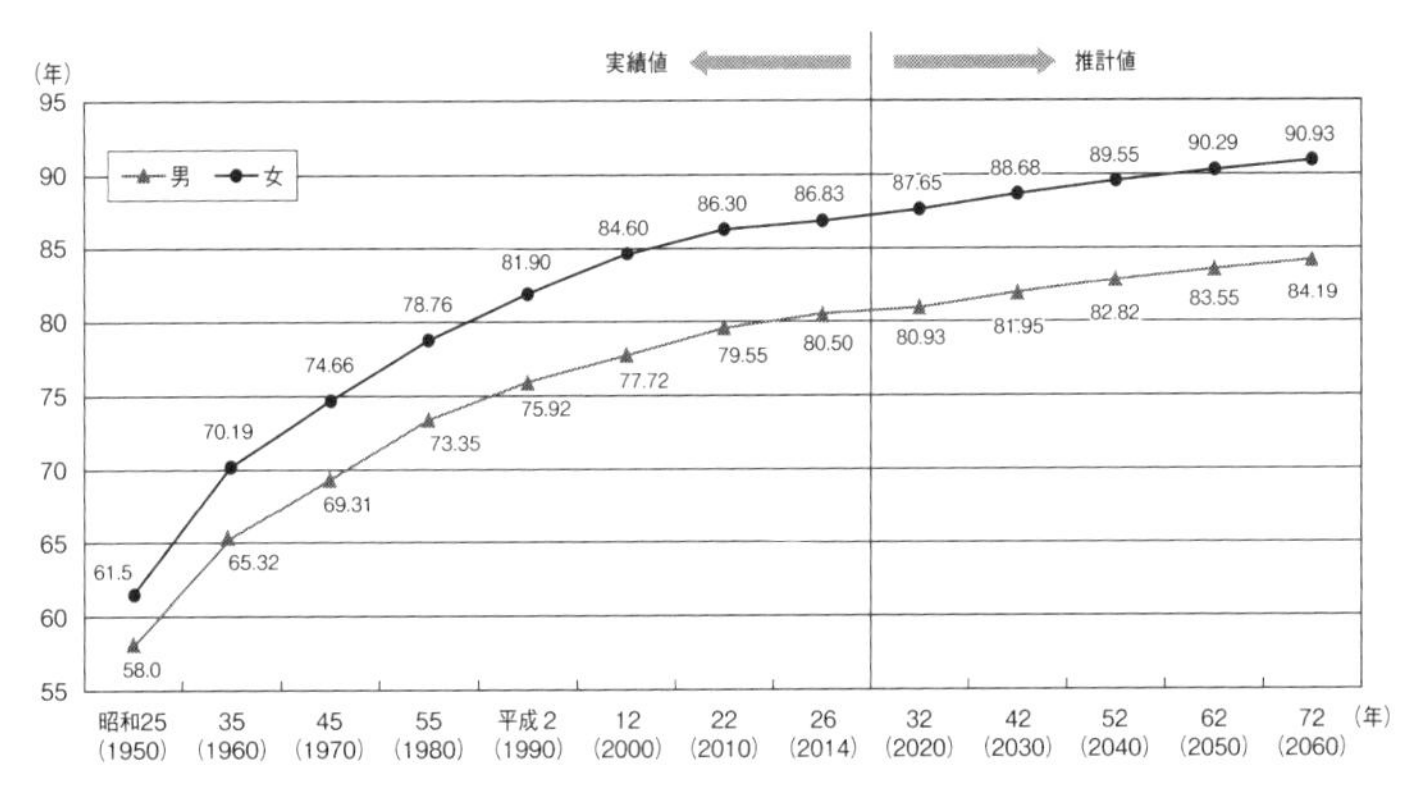

図2　平均寿命の推移と将来推計（平成25年版高齢社会白書）

ると推計されています。（厚生労働省研究班より）。これを年代別に見ると、74歳までは10％以下ですが、85歳以上で40％超となり、90歳代では約75％、100歳を超えるとなんと97％に達しているのです。

2016年7月27日に発表された、日本人の平均寿命（0歳時の平均余命）は、女性が87.05歳、男性は80.79歳で、いずれも過去最高を更新しました。将来は平均寿命が90歳になると予測され（図2）、2050年では人口が1億人まで減少、65歳以上が2000万人、そのうち認知症が800万人、なんと10人のうち約1.3人が認知症という国になってしまうのです。

これに加え、現在増えているうつ病も10年で倍のペースで増えており、うつ病を含めた気分障害の患者数は現在1000万人を超えています。このペースでは、2050年では国民の8割である8000万人が気分障害患者となり、現在のうつ病の休職者数20万人から推定すると、2050年では200万人がうつ病で休職している計算になります。

休職する理由は他にいくらでもありますが、この200万人と認知症の800万人を足しただけでも1000万人、国民の10人に一人がタックス・イーター（支払う税金より、受けるサービスのほうが多い人）といわれる状態になってしまいます。

●長生きすることがリスクを生む時代

さて、終活の話に戻ります。終活とは、家族の問題、形見分けの問題、財産の問題、相続の問題、年金の問題、葬儀の問題、遺言の問題、お墓の問題などを、エンディングノートにつけることで整理し、専門化にアドバイスをもらいながら伴侶や家族が幸せに人生の終末を迎える活動です。

そのなかに、もちろん健康と医療の問題があります。とくに、前に述べたように、男性と女性では平均寿命が10歳以上異なりますし、兄弟が昔と違って少ないですから、お一人様になる可能性がどんどん高くなります。以前でしたら、「死んだあとは誰かがやってくれるだろう」「死んだ時のことなんて考えたくない」で済んだことが、これからはそうもいきません。このままでは、長生きしてしまうこと自体があらゆるリスクとなってしまいます。

実際に何歳まで生きるのか、というリスクを考えてみましょう。現在の平均寿命とは、0歳時の平均余命であり、これはあくまで「平均」です。当然、長生きする場合も十分あるわけです。数学的になりますが、いわゆる平均値±標準偏差1で占められる三分の二の範囲内の寿命計算ではリスク管理がちょっと甘すぎると思います。ここでは、仮に四人に一人が生きている年齢、つまり25%の人が生きている可能性がある範囲内までを「生きている期間」と想定します。

この範囲内の寿命計算では（国立社会保障・人口問題研究所の予測）、２０５０年時点で男性は93歳、女性は98歳となります。相当な長生きです。リタイア後の夫婦の問題ですから、男女の中間をとって95歳まで生き延びる、という想定でこれを生存リスク年齢とします。65歳から95歳まで生きるのには、現在の高齢夫婦の無職世帯の1か月の平均支出である28万円で平均的な生活をすると、１億80万円となります。これに、介護やリフォームなどの予備費を６００万円加えると、１億６８０万円になります。これを仮に「平均的な老後の生活」としてみます。

一方、生命保険文化センターの意識調査では、「ゆとりある老後生活のための費用」を聞いたところ、その月額生活費はなんと35万円であり、旅行や趣味などの平均額を加えれば、支出は95歳までの生活費は1億３２００万円にも上ってしまうのです。

この計算には、90歳になると75％が認知症になっている計算が含まれていません。医療と介護と福祉を加えれば、２億円あっても足りないかもしれません。しかも、老人が増える分、若い人が減るのですから、介護の費用（現在の介護保険制度では１～

2割が本人負担）が、3割負担やそれ以上になる可能性が高いです。

いったい老後にいくら残しておけば、現役世代である我々は安心できるのでしょう？それはどんな医療保険ですか？　癌保険に入っていればいいのですか？　三大疾患の保険に入っていればいいのですか？　それともどんな生命保険ですか？　定期保険がいいのか、養老保険がいいのか、それとも終身保険がいいのでしょうか？

ズバリ、全く予測がつきません。なぜならば、これから突入する超々高齢社会は、人類が初めて体験する、しかも日本が最初に経験する、まさに未体験の状況だからです。

●歯科医療によって健康寿命の延伸に成功

冒頭から暗い話ばかり書きましたが、実は解決策があるのです。それが、私が本書を書いている理由だからです。

私は、一般社団法人包括安心サポート研究所という会社の理事です。この会社は、みなさんが安心して老後を過ごせるよう、サポートする会社です。でも、普通の終活をサポートする会社と違うのは、私が医療の専門家であると同時に、歯科医師でもあるからです。

私は、この介護制度が始まる2000年より前、祖母が介護を受け亡くなるまで自宅で家族でみとるという経験をしています。当然、認知症の祖母でした。まだ、ケアマネージャーやデイサービスという言葉ができたばかりで、今のようにしっかりとした制度ではなかったので大変でした。

また、歯科の介護保険による往診制度が認められる前の時代で、歯科医師が寝たきりの方、認知症の方の治療に苦慮した時代の経験も持っています。当時、訪問診療のルールを歯科医師会や駐車の問題を警察署などと相談しながら作っていた時代の経験もあります。

加えて、私は病床280床ある精神科病院の理事長を務め、高齢のうつ病や統合失調症、そして認知症の患者さんたちを理事長として、また歯科医師として治療し、経営改善した経験を持っています。この病院では、口腔ケアを実践することで、それまで年に2～3名は夜勤中に誤嚥性肺炎で亡くなる方がいたのをゼロにした実績もあります。また、義歯を装着し、咀嚼と嚥下ができるようになり、誤嚥がなくなることで胃ろうを外せたり、食いしばれるようになって全身に力が入るので立って歩けるようになった患者さんを多数出すことができたりしたのです。

そうです、歯科治療によって患者さんのQOL（クオリティー・オブ・ライフ）を上げ、健康寿命を延伸することに成功したのです。保険や年金、そして相続やお墓のことも大事です。しかし、健康寿命を延ばすのは、医療保険や生命保険ではありません。健康寿命を延ばすのは、「正しい医療」です。それも、超々高齢社会ではこれまでの常識や現在の国民健康保険制度の治療ではダメなのです。

現在の国民健康保険制度では、糖尿病が増え（50年で50倍も患者が増えました）、うつ病が増え、認知症が増え続けています。老人の増加数以上に病気が増えているのです。それは、現在の日本の保険医療制度は「療養に対する給付」が原則であるからです。

「療養に対する給付」とは、わかりやすく言えば、「病気になったら、保険を給付します。でも、予防はしませんよ。だって、保険なんですから。予防は自費で自分でやりなさいよ」という、社会制度なのです。

海外では、自費治療＋民間保険が中心、というよりほとんどです。東南アジアや中国ですら自費治療です。なぜでしょうか？　自費治療ということは、国民は自動車保険のように民間保険会社に加入し、保険料が上がらないように、予防に力を入れるからです。医師側も、治療が再発すると保険会社からの支払いが下がりますから、再発のしない、予防医療に力を入れます。

しかし、現在の日本の保険制度は出来高払い制度ですから、医師や医療機関側も、検査をすればするほど、薬を出せば出すほど、病気が治らなければ治らないほど（つまり、糖尿病や高血圧症のような慢性疾患患者が増えれば増えるほど）、儲かるのです。そしてその財源は、みなさんが毎月払っている医療費と税金なので、誰も罪悪感がないのです。

本書は、正しい老後の過ごし方を示すとともに、健康寿命を上げる正しい方法と、そのための正しい医療について、そしてその上でどのように正しい終活をしたらよいか、を詳しく述べます。

老後は決して苦しいものではありません。しかし、病気になってからでは、自分のみならず、家族にも経済的負担・心理的負担・時間的負担をかけてしまいます。エンディングノートの中にも、「どのようにしたら、健康寿命を延ばせることが正しい医療でできるか？」という新しい項目を入れることを我々は強く提案します！

（文／吉野敏明）

01 幸せな人生と老後とは？

●幸せの意味を考えてみる

みなさん、たった一度きりの人生、幸せになりたいと思っていますよね？　そして不幸になりたいと思って生きている人なんていませんよね。「幸せになりたい人！」と声をかけたら手を上げる人は少ないと思いますが、「不幸になりたい人！」と声をかけたら誰もいないと思います。

大きな借金を抱えたり、家が火事になったり、家族が亡くなったり、人から無視されたり、会社の人間関係が破綻したり、そんなことを望んでいる人など誰もいません。いや動物や植物だって、微生物だってそう思っているに違いありません。我々は幸せになるために生まれてきたのです。そして、そうなる権利も持っていますし、同時にそのための努力をする義務もあるのです。

私たちは、幸せで健康でいたい、できれば寿命と健康寿命を一致させたいと願っています。さて、その幸せの指標の一つとして、アメリカのテキサス州に、「ＳＭＩ」という、成功とモチベーションのための世界的な研究所があります。このＳＭＩの提唱する成功のアイデアに「人生6分野」というものがあり、私の経営セミナーでもこの6項目を使っています。

①家庭が円満なことでしょうか？　（家庭）
②仕事が上手くいってお金が十分にあることでしょうか？　（職業と経済）
③社会との関わりが上手くいっていることでしょうか？　（社会と文化面）
④生きがいを感じていることでしょうか？　（精神と倫理面）
⑤自分が成長していると実感できることでしょうか？　（教育と倫理面）
⑥心身が健康であることでしょうか？　（心身の健康）

いったい幸せとは、右の6つのどれなのでしょう？　それともいくつかの組み合わせなのでしょうか？　幸せとは人それぞれです。１００人に聞いたら、１００通りの答えが出る可能性すらあります。我々人間は個人個人が違う生き物ですから、価値観も一人一人当然異なるのです。

価値観が一人一人最も異なる国といえば、例えば、アメリカでしょう。最もマイノリティーであるネイティブアメリカン以外、白人も黒人もヒスパニックもみなアメリカ以外から来た移民とその子孫です。みな、それぞれの出自を背負っています。宗教に迫害を受けて移民した人もいれば、奴隷として連れてこられた人もいます。宗教も言語も違います。当然、価値観も違います。日本以上に貧富の差も大きいです。差別も大分改善したとはいえ、非常に大きいです。「黒人を除いては差別なし」といったような有力ゴルフクラブ幹部の問題発言などでタイガー・ウッズですら「僕でも回れないコースがある」と言わしめたくらいです。

その日本よりはるかに価値観の違うアメリカでも、あるいは日本の唯一国交のない社会主義国家の北朝鮮でも、ユーロでも中東でも、どんな国でもどんな人でも共通のゴールである、「幸せ」を考えてみます。

その前に、ある地点に到達する、ということを考えましょう。例えば、東京から大阪に行くとします。新幹線で行く方法もあれば、飛行機で行くこともできます。高速バスでもいいでしょうし、江戸時代のように徒歩でも行くことは可能です。

つまり、ある地点に到達するとは、その「到達地点に行く！」という目標設定が大事なわけです。その途中は全て通過地点です。小田原も名古屋も岐阜羽島も単なる通過地点ですが、時間に遅れることなく、事故をおこすこともなく、大切に単なる通過地点を通過することも極めて大事です。一生懸命到達する努力は無駄ではありませんが、もっと大事なのは目的地である目標設定を正確にしていることです。

今回の場合、大阪に着くことが目標設定です。実際に東京から大阪に行くのですから、まず大阪という場所を調べ、どんな方法で行くかをよく調べ、時間やコストも計算するでしょう。「一生懸命新幹線を探して乗りました。でもそれは北陸新幹線でした。なので、金沢に着いてしまいました」ではダメです。どんなに一生懸命行動しても、その前の目標設定のほうがはるかに大事だからです。

漠然とただ「大阪」と思っていても、思っているだけでは目的地に着くことはできません。ここは一度立ち止まってよく考えて、たとえ一本乗り遅れたとしても正しい新幹線である、新大阪行きの東海道新幹線を調べて探してこれに乗らなければ目的地には到着しません。つまり、目標設定ということは非常に大事な行動なのです。そして、目標である新大阪、という場所を知っていなければ、到着することはできません。これは人生も同じです。すなわち、幸せが何か、どういうのが幸せか、とわかっていなければ、一生懸命していても幸せにならないのです。

●幸せの指標となる6つの要素

さて、最初に言ったように、いくつかの幸せの指標の中で、最初に述べた6つの要素、すなわち①家庭、②職業と経済、③社会と文化面、④精神と倫理面、⑤教育と倫理面、そして⑥心身の健康をあげました。これらのどれが欠けても人は不幸を感じます。

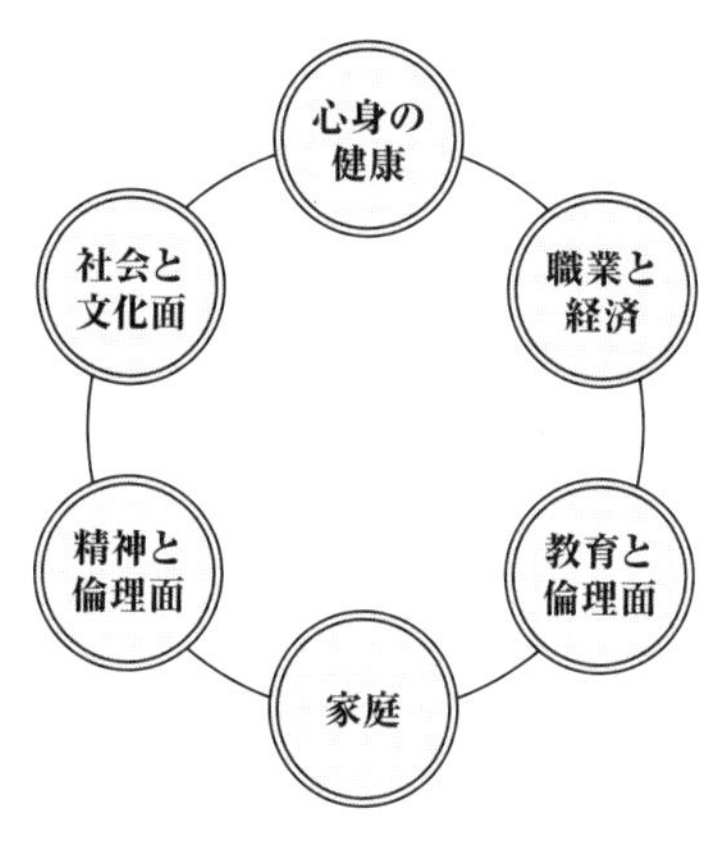

図3　幸せの指標となる6つの要素

６つのバランスが大事であるが、高齢になればなるほど「心身の健康」が上位になる。

例えば、①家庭です。どんなにお金持ちでも、家庭が破綻して不幸な人はいます。②どんなにやりがいのある職業でも、③の会社の人間関係がぐちゃぐちゃでしたら、やはり不幸です。つまり、どれか一つだけでもダメで、この６つがバランスよく達成されている時、人は幸せを感じるのです（図３）。

さて、もちろんこの中でどれもが大切なのですが、この超々高齢社会である日本において、とくに中高年からあとの人生においては、健康が第一です。まず、健康であると②お金がかからないのです。そして①家族に迷惑をかけないのです。とくに、認知症などでは、お金だけでなく、時間も労力も消費しますし、介護する家族の⑥の健康も害すことが多いです。介護における暴力も問題になっています。真面目な人ほど、介護を真面目にし過ぎて虐待してしまう、という報告があるくらいです。

10代、20代のうちは、何もしなくとも健康なことが多いですが、30代になったら生活習慣病がその後の人生に大きな影響を与えます。糖尿病や高血圧症は、食生活や日常の運動生活、入浴習慣などに大きく依存します。生活習慣病を発症する40代では、30代までの生活がほぼ反映されてしまいますから、30代になったら心を含めた健康について、よく考えて正しい目標設定をしなければなりません。

先だって、ある野球選手が覚醒剤で捕まってしまいました。離婚してお子さんの養育権もとられています。それまで仲良くしていた友人も潮が引くようにいなくなったそうです。将来の野球界でのコーチや監督業へ着くことも絶望的です。あれだけのスーパースターが何もかも失ってしまいました。それは、野球を引退してからの人生の目標設定を怠っていたからです。同じような例が歌手や俳優でも連続しておこりました。

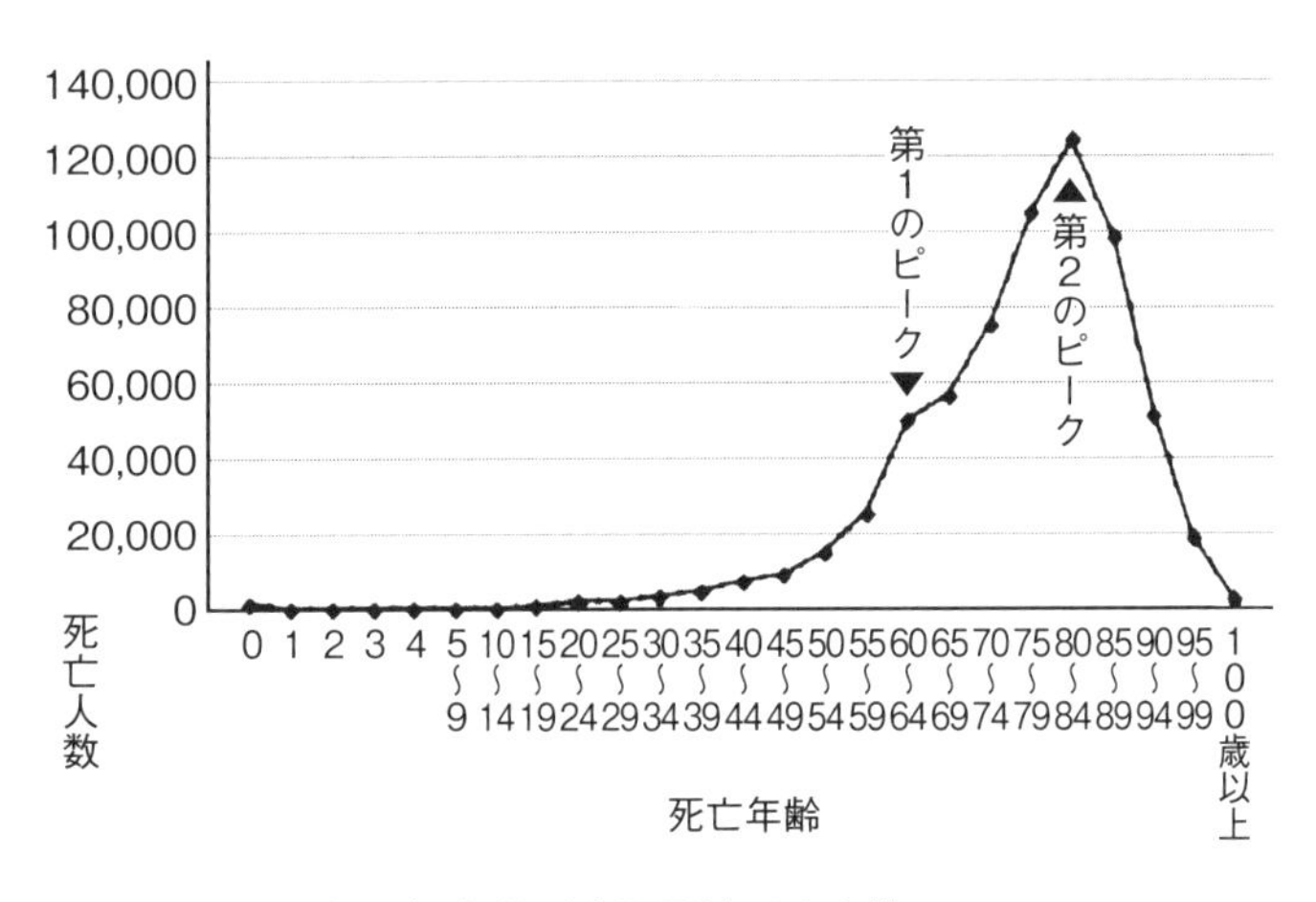

図4　平成22年 年齢別全国男性死亡者数（人口動態統計）

みな50前後の人たちです。

前の章で説明した通り、現代日本は平均寿命は90歳に届こうとしています。50歳でも残り40年もあるのです。この超々高齢社会において、まず心身の健康を大切にして確保する目標を立て、その上に残りの5つがのるような考え方を身に付けないと、何か事件や事故がおこると全てのものを失いかねないのが現代の長寿リスク社会なのです。

現在の日本の死亡のピークは二つあることがわかっています（図4）。

最初のピークは65歳前後です。ここで亡くなる方の多くが、すでに30〜40代に高血圧症や高脂血症、糖尿病などに罹患している方です。これらの方の最初のピークが65歳位での死亡なのです。次が83歳位でのピークです。癌や肺炎など長寿であるリスクの疾患で亡くなるのがこの方たちで、65歳くらいから健康寿命を逸した方と考えられています。逆にいうと、65歳までに亡くなった方は、若いのであまり介護や福祉を受けずに亡くなった方ともいえます。このピークを乗り越えた方が、健康寿命と本来の寿命が近いあるいは一致した方々と考えられています。つまり、経済的にも肉体的にも精神的にも家族にも負担をかけないで幸せに暮らせるかは、65歳から83歳くらいの間に、いかに心身が健康であるか、ということに依拠しているのです。

健康あっての生きがい、お金、そして大切な家族。幸せな人生と老後にするための目標設定とは、65歳から83歳までの18年間に認知症にならず、介護を受けず、そのために生活習慣病にならないこと、そのためには病気にならない体を作る30代40代の「単なる通過地点」を大切にきちんと通過することなのです。

（文／吉野敏明）

02 幸せな人生の終え方とそうでない人生の終え方

●クライアントの4つの実例

介護と医療を中心に話を進めてきました。が、実際にすでに亡くなってしまい、こんなことで困った、もっとこんなふうにしておけばよかった、という実例、逆にこんなふうにしていたからよかったという例をいくつか示します（プライバシーのため、年齢や性別など一部変えさせていただいています）。

理想論としては、まず医療を中心に心と体の対策を普段からしておき、その上にメディカルチェックを受けてきちんと病気にならない体をつくっておくこと。さらに次は家族や仕事（とくに経営者であれば従業員とその家族もありますから、自分の家族以上に仕事は重要です）の対策をし、常に後継者を育てていつでもバトンタッチできるようにしておくこと。その上で自分の人生のエンディングに加えて、万一自分が亡くなったあとの自分の家族と従業員の将来の生活のことまで考えるのが前章で説明した「目標設定」です。

自分の抱えているものや社会との関わりが大きければ大きいほど、この目標設定が重要となります。でも、全ての方がこのようにできるわけでは到底ありません。逆に、それができないので我々のようなサポート会社があるわけです。

では、実例をもとに見ていきますから、いくつかのキーワードを示しておくので頭の片すみに入れて読んでみましょう。キーワードに関しては、後の章で細かく解説いたします。

【キーワード】
健康管理　早期発見早期治療　遺言　相続税　財産管理　成年後見制度　信託　定期訪問　プライベート秘書サービス　見守り契約

事例① 子供のいないおしどり夫婦のケース

夫／Aさん70歳 妻／Bさん65歳 子供なし 都内在住

結婚40年、裁判官だったAさんをいつも温かく支えてきた奥様のBさん。夫婦の記念日のお祝いもかかさず、旅行や観劇、スポーツもいつも一緒で仲が良く、おしどり夫婦といわれてきました。

ところが、青天の霹靂が起こります。妻のBさんが55歳の時に、脊髄小脳変性症と診断されました。当初は、ふらつきや言語が時々うまく発せないという程度の症状でした。しかし、その後は病状が進行して歩行の介助が必要になり、加えて意志伝達障害、言語障害が出てきてしまいました。妻Bさんは夫のAさんが介助してきました。

最近になり、Aさんの腰に激痛がはしり、精密検査をした結果、なんと進行性の胃癌が発見され、ステージⅣと診断されたのです。夫婦2人が病気になってしまい、今後の生活、お金の管理を考えると毎日不安で眠れない状態でした。

Aさんは妻のBさんを遺して先に旅立つ可能性が高いことを考え、今妻にしてあげられることは何があるのか、そして今この瞬間に自分ができることは何か教えてほしい、と我々の法人に相談にお越しいただいたのです。

独り残される奥様のお金の管理や緊急な入院時の手続きに対する対策として、『成年後見制度』というものがあります。成年後見制度とは、精神上の障害（知的障害、精神障害、認知症など）によって判断能力が十分でない方が不利益を被らないように、家庭裁判所に申し立てをして、その方を援助してくれる人を付けてもらう制度です。例えば、一人暮らしの老人が悪質な訪問販売員に騙されて高額な商品を買わされてしまうなどといった事例がよくありますよね。このような場合でも成年後見制度を使い、被害を防ぐことができます。

成年後見制度には二種類あり、任意後見制度と法定後見制度を使う方法があります。ごく簡単に説明すると、判断能力が衰える前には任意後見制度が使えますが、判断能力が衰えた後では法定後見制度しか使えません。この場合は手続きが複雑で時間がかかり、家庭裁判所に成年後見の申し立てをし、審判までの期間は事案にもよりますが、2か月程度かかります。任意後見制度は、意志がコントロールできる人でないと契約できませんから、Aさんは任意後見契約をすることができませんでした。

もう一つの方法として、信託を利用する方法があります。信託とは、財産を持っている人（委託者といいます）が、信託行為（遺言・信託契約など）によって、信頼できる人（受託者といいます）に対して現金・不動産・株式等有価証券などの財産を移転し、一定の目的（信託目的）に沿って誰か（受益者）のためにその財産（信託財産）を管理・処分することをいいます。そのなかでも家族信託とは、「個人の財産管理・資産承継のための信託」の仕組みであり、さらにそのなかでも福祉型信託とは、「高齢者や障害者等の生活支援のための信託」と定義され、成年後見制度を補完するため、あるいは成年後見制度では対応できない部分を補うための財産管理の仕組みの制度です。

Aさんは、福祉型信託を利用して受益者をAさんご自身とし、指定した受託者から生活費の給付を受ける目的で契約することにしました。ところが、この契約する予定だった矢先に、夫Aさんの体調が急変して入院していました。そして大変残念なことに、Aさんはそのまま帰らぬ人となり、妻のBさんは1人残されてしまいました。

その後、残された妻のBさんには、家庭裁判所が指定した法定後見人がつきました。法定後見人は自分では指定できないので、AさんともBさんとも全く面識のない人が、財産の管理や施設入居等の契約を行うことになります。

Bさんの生い立ち、好み、性格を知らない法定後見人に、今後の生活する場所や重要な契約を任せることになり、これからの生活はBさんの意志に反したものになってしまう可能性もあります。そして、Aさんは遺言を書いていなかったので、相続財産がBさんに全部渡らず、1/3はAさんの兄弟に渡りました。財産分割のため長年住んでいた愛着のある自宅も売却せざるを得ませんでした。

Bさんは、生まれ育った土地から遠い地方の施設に入ったそうです。言語の伝達障害はありましたが、意識ははっきりしていたので、意思に反することはとても気持ちが苦しく辛かったのではないかと思うと、我々もとても悲しくなりました。

【この事例から学ぶこと】

まず、本書の冒頭から述べている通り、どんなに対策を立てていたとしても、事の起こりは病気で始まることを忘れてはなりません。奥様のBさんの病気は稀なので人間ドックを受けていれば必ず病気が見つけられていたかはわかりません。しかし、ご主人の胃癌は人間ドックでの上部内視鏡で必ず発見できました。40歳を過ぎたら、必ず年に一回は検査をすべきだったのです。

また、知らなかったとはいえ、奥様のBさんが意識伝達障害と言語障害という重い障害が出た時点で、成年後見制度を検討しておくべきでした。なぜならば、二人にはお子さんがいないからです。家族が少なければ、それだけ夫婦二人に掛かる責任の負担は増えます。同様に、夫婦しか身寄りがないのですから、残された伴侶を守るためにも遺言は必要だったと思われます。

ご主人はまさか自分が癌で先立つとは思っていなかったと思いますが、万一先立ってしまえば、奥様は障害がありますので、独りで生きていくことはできません。

法的な制度以外にも、当社で行っている『見守り契約』、『もしもの時のプライベート秘書サービス』を利用しておけば奥様の将来は違ったものになっていたでしょう。

超々高齢社会の日本においては、人生の目標設定は自分が亡くなるまでではなく、『自分が亡くなったあと、残された人・家族・従業員などが、6つの条件の幸せを維持できていること』なのです。

事例② 3人の子供がいる創業者のケース

Oさん／飲食店5店舗会社経営する創業者で、賃貸不動産5か所と自宅坪70を所有。

妻Sがいる　長男P／大手都銀支店長　長女Q／Oさんの介護を行い、会社の経理や人事の仕事を手伝い支えてきた　次男R／父の会社を継ぎ経営している

Oさんの自慢の子供たち兄弟3人は子供の頃からとても仲が良く、もし相続になった場合でも「絶対にもめない」、とOさんは自慢げに語っていました。Oさんの会社は次男Rに跡を継がせることとし、所有している自宅は妻Sに、所有している賃貸不動産を長男Pと長女Qで分ければ問題ない、とOさんは自信を持って考えていました。なので、遺言も相続評価も必要ないと判断して一切なんの準備もしていなかったのが悲劇の始まりでした。

Oさんは、東北地方出身で高校を卒業したのち、東京に憧れて上京しました。いくつかの会社に就職しては辞めをくりかえし、自分に向いてる職を探し転々としていました。

高齢の夫婦が営む蕎麦屋さんでアルバイトをしている時、その蕎麦屋主人が倒れ厨房に立てなくなるという事態が発生しました。しかたなく、Oさんが厨房に入り蕎麦を出すようになりました。案の定、常連客が1人減り、2人減り……。3か月もするとお昼の時間に誰もお客が食べに来なくなりました。半年過ぎた時は、なんとお客は全く来ない状況になってしまい、泣く泣く蕎麦屋を止めようと思いました。

でも、可愛がってくれたご主人にも申し訳ないと思い、なんとかならないかと、得意なことからやってみることにしました。「蕎麦屋の主人のそばのつゆの味はだせないが、てんぷらを揚げるのは自信がある」、Oさんは「天丼」だけのメニューにして、お昼に希望先に配達する出前だけ行うようにしてみました。すると注文がどんどん増えだし、半年後には、以前の蕎麦屋以上の活況となったのです。そしてその後10年で5店舗のお店を出店。売り上げもどんどん伸びていきました。

利益の出たお金で土地建物を購入して事業を拡大。お店も居酒屋やレストランなど不動産を担保に資金を借り入れ幅広く広げていき、80歳代になるまで順風満帆でした。

ところがそんな元気なOさんも最後は2年間の在宅介護の末82歳で亡くなりました。子供たちも当然高齢になりました。生前にOさんが言っていたように分けた場合、相続評価では以下のような結果が出ました。

・相続評価額　12億円

・妻S　自宅1億2000万円＋現金・保険3000万円
・長男P　賃貸アパート　2億5000万円（会社担保物件　借入1．1億円）
・長女Q　賃貸駐車場・マンション　3億円（会社担保物件　借入2億円）
・次男R　会社6億円

法定相続分から計算すると、長男P、長女Q、次男Rはそれぞれ2億円ずつでしたが、次男Rの相続分が6億円は納得いかない、と長男Pと長女Qが異議申し立てをしたのです。

長女Qは、「私は会社の経理を行い長年手伝ってきました。そして会社で人のトラブルが起きると解決をするため、日夜苦労してきました。父（Oさん）の介護を行ってきたのは私なのに、納得いかない」と主張します。

長男Pは、「どんなに生活が苦しくとも、長男の私はQとRに迷惑をかけてはならないと思い、父の援助を受けずに自力で一人でがんばってきた。今の大手銀行を退職後は、父の事業を手伝おうと思っていた」と主張。

それぞれの配偶者からの意見も出て、3人が争うようになってしまいました。結局、3人それぞれが弁護士を入れて、泥沼の争いが今もまだ続いています。

【この事例から学ぶこと】

どんなに元気な人であっても、亡くならない方はいません。このように、ワンマン経営であればあるほど、後継者を早くたてることが重要です。前章で示した、幸せの6つの条件を検証してみましょう。6つの条件とは、①家庭、②職業と経済、③社会と文化面、④精神と倫理面、⑤教育と倫理面、そして⑥心身の健康でした。

Oさんの生前は①に問題はありませんでした。3人仲良くしていたのです。収入も安定し、人間と社会の接点である仕事も順調でしたから②も③も問題ありませんでした。

さて、ここでみなさんに中学の理科で習った、『ドベネックの桶』を思い出してもらいましょう。人間に必要な栄養素には、タンパク質、炭水化物、脂肪があります。しかし、これらだけを過不足なくとっていても、人間は死んでしまいます。そのほか

微量栄養素6つと健康の関係

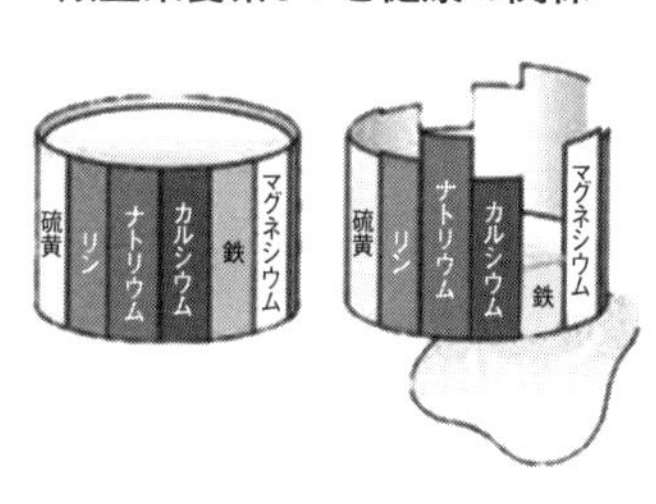

人生6つの要素と幸せの関係

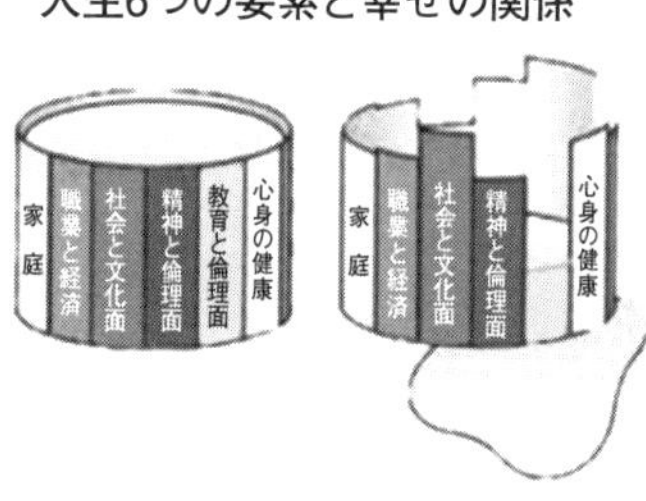

図5　ドベネックの桶

にも、人間にはカルシウムやマグネシウムなど、必要な微量栄養素が必要なのです。これらはバランスよく全て必要なだけ摂取していないと、必ず健康を害します。最悪の場合、死亡することすらあります。

つまり、この桶の板が一枚でも低いところにあると、その一番低いレベルで健康を害すのです。他の板がどんなに高くてもダメ。一番低いところで健康が決まってしまいます（図5）。

同様に、幸せの6つの要素のどれか一つが欠けていても、幸せにはなりません。我々が今アドバイスをするとすれば、Oさんには④と⑤と⑥に問題がありました。

まず、④精神と倫理面です。企業とは誰のものでしょう？　もちろん、創業者一族は、企業にとっての創始者です。日本でいえば、創業者一族は天皇と皇族です。そして、経営者は内閣であり、最高責任者は内閣総理大臣です。我々は、医療従事者の経営のコンサルをしています。そこで、常にアドバイスをするのは、「病院・医院（会社）を創業者一族のものにしてはならない。働く従業員があっての病院・医院である」ということです。

創業者一族が企業を独占すると、必ずもめ事になり、どんな巨大企業でも、一見安定してみえますが一瞬にして倒産してしまいます。良い例が、ダイエーが創業者の中内一族の内紛で倒産したのは有名ですし、一方ホンダは、創業者の本田宗一郎が絶対に後継者には、本田家の血を入れない、と宣言したのも有名です。

近い例では、大塚家具の親子の御家騒動、出光の創業者一族と経営者の昭和シェル石油との合併騒動もそうです。地方の盟主といわれた岡山県の株式会社林原がそうです。２０１１年に経営破綻した林原も典型的な〝同族経営の失敗〟と見なされたケースです。同社は岡山市を拠点に、医薬・食品原料を開発している１８８３年創業のバイオ企業で、インターフェロンなど林原が世界で初めて量産に成功した国際的な企業でしたが、兄弟の内紛で２０１１年に倒産してしまいました。

一方、同族経営で長く行ってきたサントリーが、経営改革として株式会社に転じ、しかもローソンの経営トップを12年間務めた新浪剛史に決まったと発表されたことは激震でした。サントリーが創業家以外から社長を迎えるのは、１８９９年に鳥井商店として創業して以来、初めてのことです。社長の外部登用は、社内に新風を吹きこみ、世界戦略を加速する必要からでした。

同じような例として、２００９年に初めて外部から経営者を招いたカルビーなど、近年になって同族経営から脱却を図る企業は目立ちます。どんな小さな中小・零細企業であっても、現代の国際化した社会のルールでは、同族経営はいずれ破綻することがわかっています。経営コンサルの立場から言わせていただくと、倒産の主な理由はそのほとんどが内部要因であり、とくに中小企業では為替の変動やリーマンショックなどの国際情勢の変化、あるいは大規模災害などの外部要因による倒産例は、ほとんどあげられません。

同族経営による問題点は、以下の10といわれています。

①創業経営者の高慢、経営能力の過信
②同族経営によって、血族以外の者への社員教育の不備や欠如
③同族経営の支配自体が事業目的となり、事業目的・目標・計画性が欠如する
④同族経営者のみが情報を独占し、社内情報の不足と環境変化への対応が低下する
⑤独占経営による、新規事業開拓と新規顧客開拓および技術開発の遅延
⑥家庭不和による、経営者一族による経営混乱の弊害
⑦公私混同による企業資産・資金の横領
⑧同族以外の人間を動かすための経営理念と哲学の欠如
⑨経営の数値化および可視化の不足・勉強不足
⑩ワンマン経営による反省心の不足

これらから同族経営の問題として、3つがあげられます。第一は、先に述べたように、同族経営が倒産したり破綻したりする要因は内部要因ばかりであり、外部要因が

ないことです。

第二は、倒産の原因は直接・間接や遠因を問わず、全て経営者のトップたる社長に起因していることです。プロ野球の野村監督は「再生屋」として、リーグ最下位球団を外様として入って何度も優勝させました。一方で、第一次長島監督は、V9を達成した川上巨人軍を翌年最下位にしてしまいました。「魚は頭から腐る」という諺がありますが、企業も腐る時は必ず頭（トップ）から腐ります。

そして、第三点では、同族経営になると経営の方向性が不明確になることです。企業が生き延びるためには、環境適応能力こそ最も大切にすることです。上の10の条件でいえば、⑤の新規事業開拓と新規顧客開拓がこれに相当します。そのために③である事業目的・目標・計画性の欠如が起きてしまうのです。これによって、⑧の経営理念の欠如が発生します。

もう一度、Oさんの例に戻りましょう。そもそも、蕎麦屋の創業者である赤の他人からOさんが事業の委譲を受けたことを忘れてはいけません。蕎麦屋から天丼屋にかえて新規事業開拓を行い、出前という新規顧客開拓をしたことが、事業継承が上手くいったことなのです。Oさんが自分一人で作った会社と資産ではないのです。そもそもは、赤の他人から譲り受けた会社なのです。

Oさんの事例では、幸せの6つの条件のうち、④精神と倫理面、⑤教育と倫理面、そして⑥心身の健康が足りないことは先ほど述べました。

会社は自分のものではない、従業員のものであるという倫理面がないこと（④）、事業を継続させた長女と次男に対する帝王学という教育をしていないこと（⑤）、そして本書で繰り返し述べている医学的健康である介護を受けていたこと、そして高齢と病気による体の衰えから心の衰えをきたしたことです（⑥）。

このような事態を想定し、我々法人では、先に述べたような経営のコンサルティングに加え、いざという時の「プライベート秘書サービス」を行っています。例えば、万が一を想定して相続対策、遺言、そして介護援助サポートを行うことです。これらに関しては、後の章で詳しく述べます。

事例③　働き盛りで倒れた起業家のケース

夫／Wさん40歳　ＩＴ会社社長　妻／Xさん（外国籍の専業主婦）、長女10歳（私立小学校）と次女8歳（私立小学校）がいる。

Wさんは、35歳で独立起業して順調に売り上げも伸ばし、4年目で従業員も30名に会社は成長しました。4年目で関西にも支店を出し、立ち上げ軌道にのせるため単身赴任で日夜仕事に追われていました。忙しい毎日でしたが、何もかもが順風満帆でした。ここ数日頭痛がするな、と思っていましたが忙しいためだろう、たいしたことはない、とタカをくくっていました。従業員はWさんが「頭痛がある」というのをたびたび聞いていました。

ある朝、社長であるWさんが会社に出社しなかったため、従業員たちは何度も自宅に電話しましたが出ません。従業員たちは「社長は忙しいので、そのうち出社するのでは……」と思っていましたが、とうとう夕方になりました。心配したある従業員は、

Wさんの自宅マンションを訪れます。鍵のかかった部屋からはテレビの音が聞こえますが、インターホンをいくら鳴らしても出てきません。なんとか不動産屋さんに連絡し、鍵を開けて部屋に入ってみると社長は倒れていました。大声をかけると、社長はわずかに目を開けました。生きているようです！救急車を呼び、病院に運ばれて一命をとりとめます。病名はくも膜下出血でした。手術は成功しましたが、出血から相当時間が経っていたため、右半身麻痺、言語障害があり社会復帰は絶望となりました。

会社は、立ち上げ当時の同僚に社長を譲り、Wさんは退職。収入がなくなり、貯金をとりくずして、治療費、生活費、住宅ローン、教育費にあてていました。2年もすると、貯金は底をつきます。住宅ローンの支払いも苦しくなり、いよいよ住居を売って生活資金にしようと不動産屋さんで査定してもらったところ、売れたとしても住宅ローンの残高を返し切ることができず、ローンだけが残るということでした。長女と次女は私立から公立の学校へ転校を余儀なくされました。

Wさんはこの頃、自暴自棄になってか、介護してくれる妻や娘に暴力をふるうようになっています。耐え切れずに、妻のXさんは二人の子供を連れて自国の実家へ帰ってしまうのです。

Wさんは両親もすでに他界しているため、今は施設に入居して生活しています。まだ40代のWさん。高齢者しかいない施設に入るのを、当初はひどく嫌がっていましたが、独りで暮らすことはできないため、施設の入居を承諾します。海外で生まれ育った妻は、相談できる人がいなく、生活保護や障害者申請の情報を得ることがなかったのです。

生命保険には入っていましたが、死亡時にしか対応しない、しかも定期保険でした（保険には定期保険、終身保険、養老保険があります）（図6）。

住宅ローンを組んだ際も、団体信用生命保険も死亡時にしか出ないものでした。一家の大黒柱であり、しかも創業者で経営者が倒れてしまったら、３つのものを失います。すなわち、家族・住居・会社です。Wさんの場合、①収入がなくなる②治療費、

図6　保険の種類

療養費がかかる③住宅ローンはそのまま支払いが残る④介護を受けているので働けない⑤生活費や保険の支払いはそのまま残る、という4重苦、5重苦となってしまいました。

【この事例から学ぶこと】

今回も、やはり健康が第一であることがわかります。前の例では、経営者が倒れて蕎麦屋をOさんが相続しましたが、Wさんは自分が起業した点が異なります。自分が起業した場合、お金も顧客も従業員も経営力という無形の財産を、創業者がゼロから作り上げます。誰も助けてくれない、まさに背水の陣ですから、命懸けで働きます。

自分が起業した経営者の陥りやすいミスは、ハードワークです。当たり前といえば当たり前ですが、全てを自分で切り盛りしているのですから、当然しわ寄せは食事や睡眠時間、ストレスの吐け口として飲酒や喫煙などをしてしまい、健康に害をおよぼします。ごく短期間であれば、創業者はみな通る道なので、ある程度は仕方がないことはいえ、病気になったり死んでしまっては元も子もありませんから、やはり健康が大切なのです。

そうならないためにも、経営者、とくに起業した創業経営者にとって、最も大事なことは早い段階で、権限の委譲を行うこと、そして忙しい時間をやりくりする時間創造術、そして何より大切なのが健康管理です。

私が医院経営コンサルティングとして、院長先生たちに何度も口を酸っぱくして言っているのが、この3点です。まず、Wさんが犯した重大なミスは、この3つを一つもしていなかったことです。

権限の委譲とは、すなわち自分の能力を他人に無償で与えることです。経営者が陥りがちなミスは、「こんなすごいことはオレしかできない」「こんな努力は創業者である私以外理解できない」という意識が少しでもあると、権限の委譲ができなくなることです。これは、裏返すと自分の才能を他人に取られたくない、という潜在意識でもあります。ですから、経営者は帝王学を学ぶ必要があるのです。

ここで余談ですが、経営者には必須のことですから、私が経営セミナーで教えている「帝王学」について少し説明しますね。

帝王学とは、「帝王たるにふさわしい教養・態度・考え方などを身につけるための修養」（三省堂『大辞林』）です。そのためには、「王」と「皇帝」と「帝王」の違いを理解する必要があります。「王」は一般的にはある国家の支配者です。今でいえば、市長や県知事に相当します。昔は選挙では選ばれませんから、日本では藩主に相当します。一方、「皇帝」は国家ないしはそれに準じる国や地域の支配者の持つ称号です。ローマ皇帝や秦の始皇帝などです。「帝王」は「王の王」であり、絶対的に軍事力で支配します。今でいえば、核支配力に相当します。ちなみに、「天皇」は日本限定の称号であり、神に約束された王を意味しています。

皇帝が武力によって地域を支配統治していたのに対し、帝王は徳によって国を治めます。その徳を学ぶことが帝王学であり、これが現在の経営学の徳の部分となります。

経営学の徳として、経営者トップである社長（エグゼクティブリーダー）が学ばなければならないことがあります。以下は、私が経営セミナーで常に説明している、経営者が持つべき、帝王学の9つの心得です。

①人道力　命、倫理、責任を最優先に考えられる人間である。
②包容力　敵や間違えを犯した者も赦し愛する、広い心を備える。
③実行力　判断力・決断力に優先し、瞬発に実行する能力を持つ。
④責任力　どんな理不尽な事象にも、全て自分の最終責任として受け入れる能力を持つ。
⑤直感力　予測不能な事象に遭遇した時に、迅速に的確な判断を下す能力を持つ。
⑥回復力　どんなに疲れても、けがや病気になっても、失敗しても、再起する能力を

持つ。

⑦牽引力　正義に答えを求めるのではなく、統率力に基づいた強い牽引力を持つ。

⑧感性力　足下の世界と、高く広い世界を自由に行き来することのできる鋭い感性を持つ。

⑨支配力　上記全てを用いて、力によらない支配力を持つ。

この帝王学に基づいて、権限の委譲と時間創造をすることによって、経営者自身の余裕ある時間を確保し、以てこれを健康を回復する時間に当てはめるのです。

さて、Wさんもこのようにして、健康診断や人間ドックに行く時間、趣味やスポーツなどで心と体をリラックスさせる時間を作るべきでした。我々法人では、このような経営者の相談やコンサルティングもお引き受けしています。

さて、これらを前提とし、やはり経営者として適切な保険や借入の仕方や借金の借り換えなどをしておくべきでした。でもこれも、Wさんが権限の委譲と時間創造をしていなかったので、それだけの時間がなかったのが原因です。

死亡時や入院費だけの保険では、いざという時には生活費が足りません。とくに経営者は、自分が働けなくなった時は、誰も面倒を見てくれませんから、いざという場合の保険は必須。その保険も、経営者のライフプランニングによって、大きく変わります。自分の人生設計に基づいて保険を設定し、ライフプランの変更に伴って（経営者は会社の成長にともなって、どんどんライフスタイルが変化します）、保険や年金の変更をしなければなりません。

また、あってはならないこととはいえ、最悪の事態を想定しておくことも経営者として必須です。今回のWさんのように、介護をする家族、障害を持つ子の親、外国籍の配偶者など、自分にもしものことがあった場合のエンディングノートの準備と相談にのってサポートしてくれる専門家やコンサルタントを事前に決めておくことは、経営者はとくに重要です。

事例④　本当の終活を成功させた大手企業元社長のケース

Ｉさん／1部上場大手企業元社長、前妻との間に娘が1人（自閉症）、再婚の妻との間に息子が2人　自宅は東京都某所の超優良物件マンション最上階　賃貸アパート2棟所有

Ｉさんは、65歳の時に長年勤めた企業を引退しました。創業者のお家騒動を丸く収め、最後は売上5００億円、全国で5万人の従業員を束ねるトップとして、誰からも慕われ、人望もとても厚い方でした。引退までの経営手腕は、正にお見事の一言でした。引退後すぐに、いつまで元気に好きなことができるかわからないので、引退後の人生設計を立て直すこととし、当社を訪れました。

これまで、仕事第一で突っ走って来たので、趣味や本当にやりたかったことをゆっくり考える時間すらありませんでした。Ｉさんが「本当にやりたいこと」とは、常識や固定概念にとらわれずに、自分の在り方をみつけることでした。やりたいことを1

から１００まで順位づけて、一つ一つ行いました。自分一人の時間と家族や友人といる時間を明確に分けて、我々と一緒にやることとリストを作りました。

自分一人の時間は、思い立った時に、時間や期間を気にせず、自由に行きたいところに行って気の済むまで過ごしました。秘境に行ったり、城めぐりをしたり、園児からケアが必要なお年寄りまでが暮らす村で１か月共に暮らすなどをして、自分をみつめながら一人の時間を謳歌していました。そして、友人と過ごす時間は、例えば、全国のお世話になった人と各地で会いながら、桜前線の北上に合わせて九州から北海道まで旅行を楽しんだりしました。当社のプライベート秘書サービスの秘書と話し合いながらやりたいことの順位づけ、遺言書作成、エンディングノートの作成などを全て念入りに行ったことで行動に移せました。

遺言には、前妻の障害のある娘には十分な援助ができなかったので、賃貸アパートを渡し、親亡き後の生活費にしてほしい。長男は自宅マンションを相続し、次男は預貯金を相続する。次男は長男よりも相続額は少なくなるが、長年、国際会計士の資格がとれるまで海外留学の費用を援助してきたので承諾してください。と付言事項として付け加えました。

エンディングノートに基づき、やりたいことリストを順調にクリアしていき、あと2つという時に、ステージⅣのすい臓癌が見つかりました。国民健康保険制度の抗癌剤治療を検討しましたが、生活の質が落ちること、副作用で体力が落ちること、寝たきりになる可能性が高いこと、などから私のクリニック内科で癌の免疫療法を選択しました。

癌の免疫療法とは、癌を駆逐するリンパ球系の免疫細胞を採血によって採取し、活性化したのち1万5000倍程度まで増殖培養し、これを6回に分けて患者さんに点滴で注入する癌の最先端の治療です。自分の細胞なので副作用もなく、体力も低下することがほとんどありませんし、痛みや苦痛もないので、モルヒネなどの鎮痛剤も使わずにすみました。モルヒネを使うと、便秘などの消化器症状も強く出てしまいます。

Ｉさんは入院することも避けられたので、自宅で当クリニックの内科医が往診しながら、生活を続けることができました。

ところで、残りのやりたいことリストの2つ……。一つは「前妻の娘に会うこと」、もう一つは、「会社が危機の時に支えてくれた恩人に会うこと」でした。癌の免疫療法の合間に、知人を頼って、その恩人が今どこにいるのか調べてもらいましたが、なかなかみつかりませんでした。娘には、前妻が取り合わず会わせてもらえませんでした。

治療は順調でしたが、ある日体調が急変しました。その時に友人から連絡が入り、探していた恩人はすでに他界したことがわかりました。最初の宣告では余命が3か月といわれていたものが、癌の免疫療法によって9か月まで経過したところです。そんな時、前妻が娘を連れて病室を訪れました。意識が朦朧としていましたが、Ｉさんは娘を見て「生まれてきてくれてありがとう」と言えました。残念ながら、Ｉさんはその翌日息を引き取りましたが、とても穏やかな表情で最期を迎えられたと息子さんからお聞きしました。

初七日を過ぎたら、このメッセージを届けてほしい、と当社の担当者に希望されていたので、エンディングノートに残していた家族、友人それぞれに書かれたメッセージをお届けにあがりました。相続もとくに問題はなく、現在の妻、息子さんたちも遺言に納得し、前妻の娘さんにも遺言通りに相続ができました。

医療と介護と福祉、相続が上手く融合し、ご本人様だけでなく、周囲の人々が本当に幸せになった例です。

このように、人生の目標設定をご自身の最後だけでなく、周囲の人々の未来までひろげていくのが本当の終活です。そのためには、相続や保険とそのサポートだけでなく、正しい医療が重要な役割を演じることが理解していただけたと思います。

（文／吉野敏明、大和泰子）

03 世界で唯一の超々高齢社会である日本。前例は世界中どこにもない。

●高齢化社会はすでに終わり、世界一の超々高齢社会へ

図7を見ていただくとわかりますが、2000年代前半に日本は主要国中トップの高齢化社会となっています。ここでいう高齢化とは人口に占める65歳以上の方の割合のことです。この表では2010年までしかありませんが2014年には26%を超えています。1950年1980年2014年の人口ピラミッド（図8）を見ていただくと劇的に人口構成が変化していることがわかります。日本は高齢「化」社会ではすでにありません。現状が「超」がつく、「高齢社会」なのです。

さて、「2025年問題」と「2040年問題」という言葉があります。「2025年問題」は後期高齢者がこの年に爆発的に増えることをいいます。戦後のベビーブー

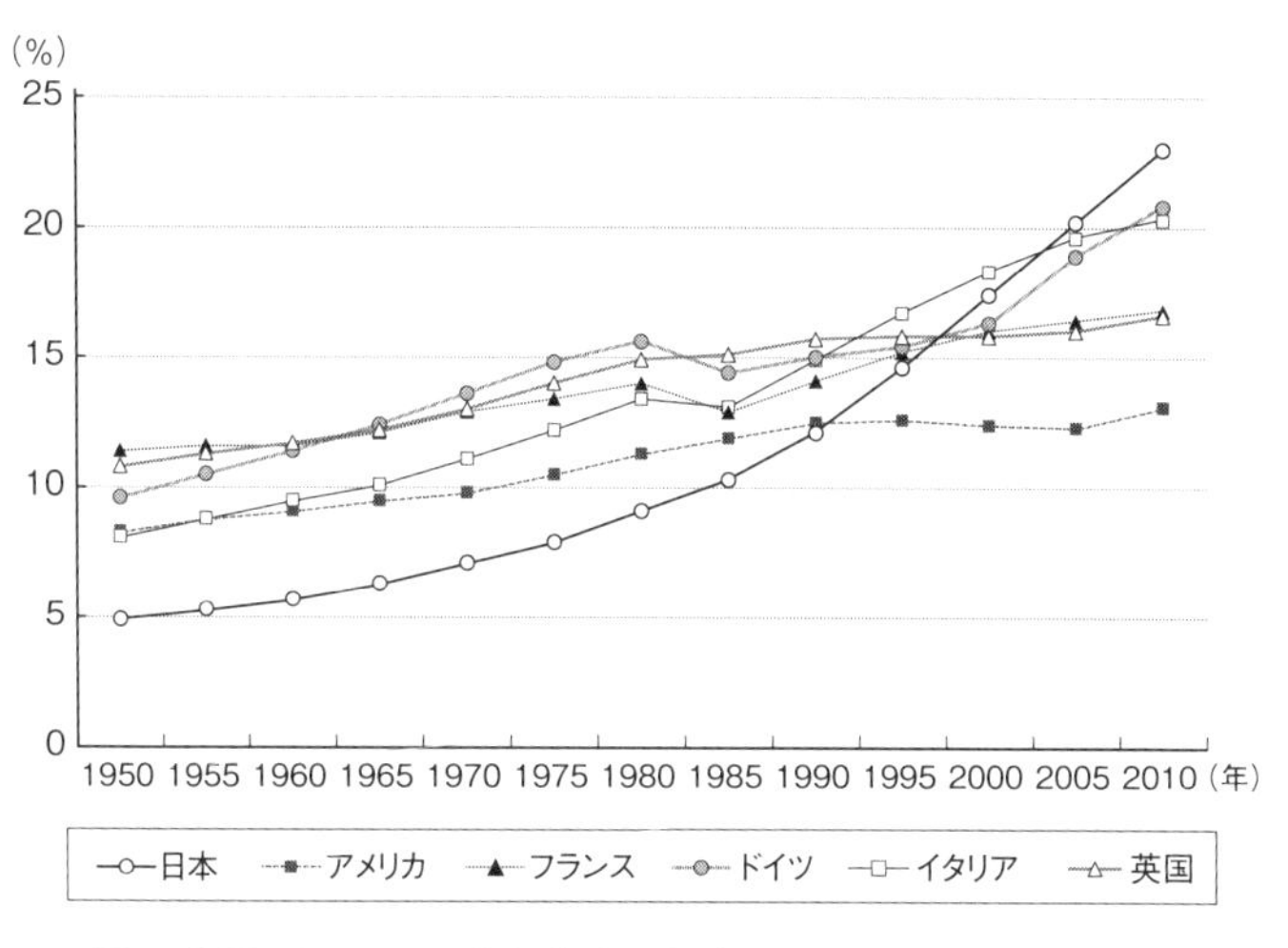

図7 主要国における高齢化率の推移（平成27年版厚生労働白書）

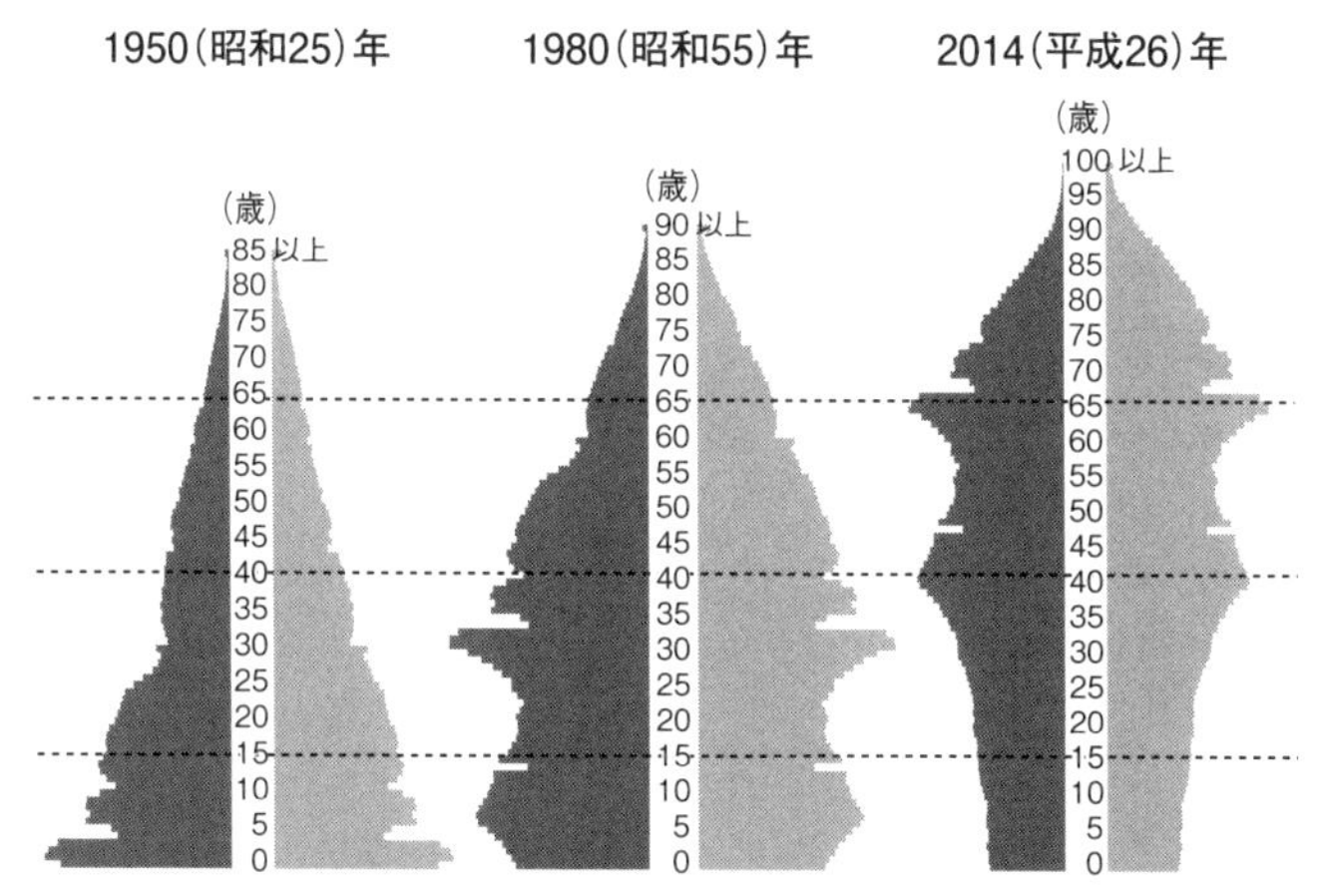

図8 人口ピラミッドの変化（平成27年版厚生労働白書）

マー世代（団塊の世代）が75才を超えるからです。「2040年問題」は統計的に将来を予測すると、人口が1億人を割ります。そして出産適齢女性が激減し、出生率も伸びないことにより人口減少が加速します。人口減少に備えることが本当に重要です。

●経済成長の主たる要因は人口増加

日本経済は1950年代後半から1980年頃にかけて、劇的な成長を遂げ、世界第2位のGDPを誇る国になりました。中国に抜かれたとはいえ今でも世界第3位です。この成長を支えたのは、豊富な労働力と勤勉な国民性にあるといわれていますが、実は最大の要因は人口構造と人口増加にあったのです。

現在、日銀は異次元緩和と称して円安を誘導し、デフレ脱却を試みていますが、この政策は明らかに間違いです。理由は幾つもありますが、日本に対してデフレ脱却のためのインフレ的な政策を提唱したノーベル経済学賞受賞のクルーグマン教授でさえ、あるインタビューでこの処方箋は間違っていたと語っています。人口減少の影響がこれほどとは考えなかったと想定ミスを認めています。

デフレが悪のようにいわれますが、事実は違います。日本では1990年頃のバブル崩壊後、デフレが続きましたが、実際には景気は拡大し続けて、いわゆるイザナギ景気を超える長い景気拡大がありました。失われた20年という人もいますが、実際に国内での熾烈な競争によりモノの価格が下がり、給与は増えなくても生活が楽になった実感があったはずです。年金生活者も先が読めるので、少ない年金と貯蓄でもそれほどの将来の不安はなかったはずです。

デフレは必ずしも悪ではないのです。人口増加が続けばデフレでも景気は拡大します。逆に人口が減少すればクルーグマン教授ほどの人でさえ、見誤るほどのマイナスの影響が出ます。

人口が減少しているのに、無理にインフレ誘導すれば、何が起こるかは明白です。円の価値が落ちて国力が下がります。資源について輸入に頼る日本は原材料価格が上昇して、中小企業の収益性を圧迫します。

円安によって利益を得るのは一部の大企業だけですが、これ以上の円安が進まないことが明らかになればピークアウトして先は読めなくなります。現にトヨタ自動車の将来予測はあまり明るいとはいえません。

●インフレ政策の疑問

基本的にインフレは需要が生産を上回ると、人々が予測することによってモノの価格が上昇して起きます。これをデマンドプル型インフレと呼びます。しかし、日銀の政策はコストを上げることでインフレ誘導をしようとするに近いやり方で、結果としてコストプッシュ型インフレを誘発し、極めて不健全なことになりかねませんでした。結果としてたいしたインフレにはなりませんでしたが、これは原油価格の下落の影響も大きいと思います。しかし、金融緩和と財政赤字は結果として円の価値を下げることになり、大きなインフレリスクを我が国は負ってしまっていることも事実です。

なぜ日銀がインフレ誘導に躍起になったのか理由は判然としません。一説によるとインフレになると借金の実質的価値が減少するので政府の財政赤字を帳消しにするためにインフレ誘導を試みたといわれます。しかし、クルーグマン教授はもしそのような目的でインフレ策をとるならば年率4％以上の目標を設定しなければならないと言っています。従って、実は日銀の金融緩和政策の目的は不明です。白川前総裁が抗議の辞任をしたにもかかわらず、黒田総裁が暴走しましたが、ほとんどの日銀マンは本来あるべき日銀の姿と違うことをやらされ、とても穏やかではないはずです。なぜなら中央銀行の本来の役割は、景気の動向を見ながら円の価値を安定させることが仕事で、極端な金融緩和策は中央銀行の取るべき道ではないからです。もしかすると一部の経済学者たちの実験台にされたという説が正しいかもしれません。

●ついに人口減少に転じる

我が国は平成27年度についに人口減少に転じました（図9）。2060年には2.55人に1人が65歳以上、4人に1人が75歳以上になるといわれています（28年版

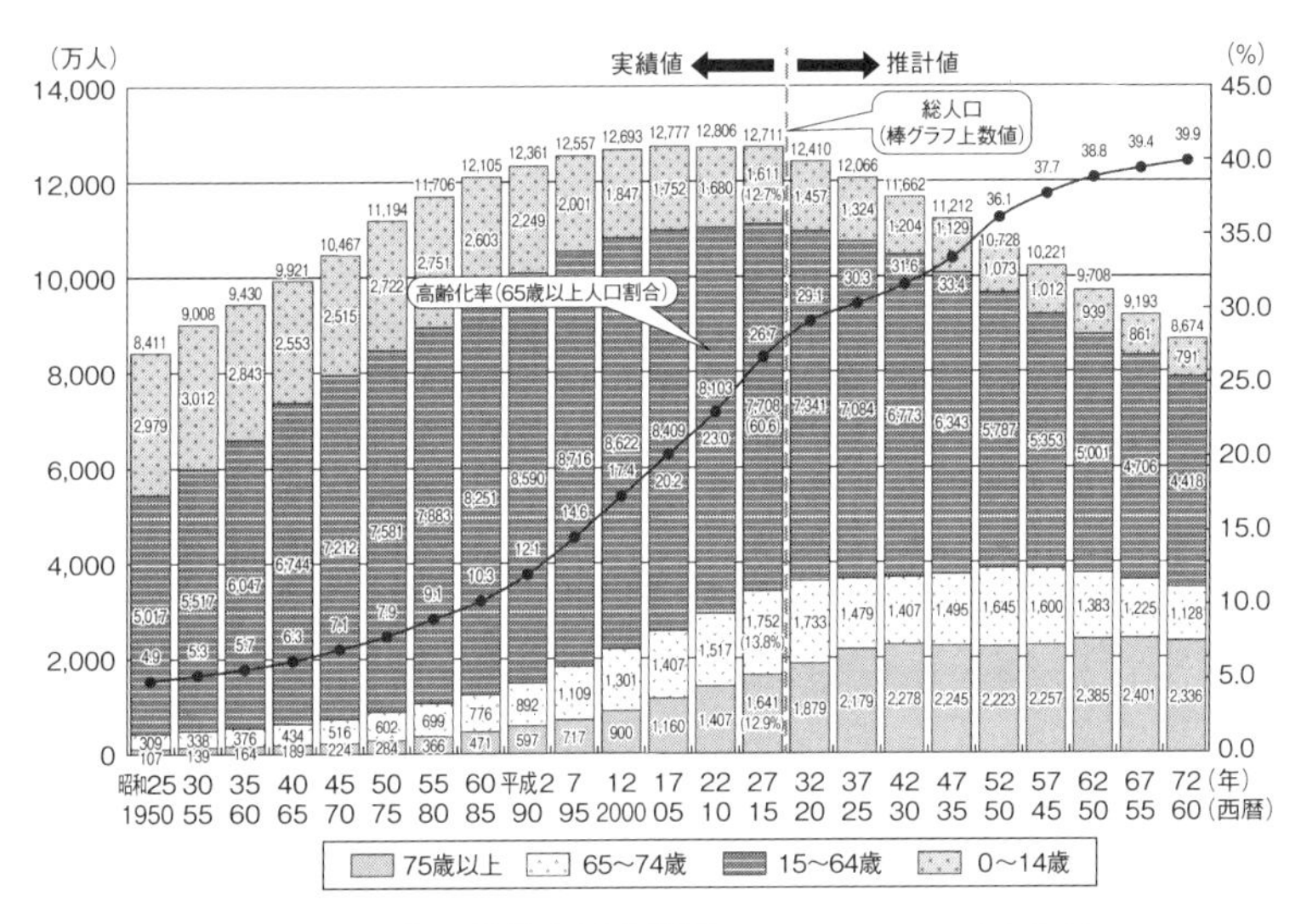

図9　高齢化の推移と将来推計（平成28年版高齢社会白書）

高齢社会白書3〜4ページ）。日本の年金制度は後の世代が前の世代の年金支給の減資を負担する構造になっています。個人が拠出した掛け金をプールしてそれを原資に年金が支払われるのではなく、すでに給付額が確定していて、それを各世代から税金のように徴収して年金に当てる仕組みになっています。従って同年代の人口の少ない世代は割を食うことになります。

　自分が拠出した掛け金が原資で、そこから年金が支払われるなら納得は行きますが、今のように後ろの世代が前の世代の年金を支える仕組みは普通の感覚では納得できないはずです。そのため、税と年金の一体改革を提唱する政治家もいますが、財務省と厚生労働省の厚い縦割りに阻まれて、何も改革できていないのが現実です。財務省が厚生労働省を一段低くみていることが原因ではないかとも思います。

人口減少の影響は経済成長に暗い影を落としますが、実は年金そのものが維持できなくなる可能性が高く、不都合な真実として誰もまともな議論ができていないのが現実です。消費税の高率課税の他に新たな資産課税制度を設けないと必ず制度が破綻する日がやってきます。

ところで、人口減少は賃金のアップに繋がります。政府はアベノミクスにより、実質賃金が上昇したと喧伝しますが、実際には人口減少の影響により労働者人口が激減し、需給バランスの悪化によって賃金が上昇しているに過ぎません。これはコストプッシュインフレの原因になります。

何度も言いますがインフレは自国通貨の価値を下げ、国力を奪います。インフレを目標に掲げるのは完全に間違いで、むしろハイパーインフレ（極端なインフレ）やスタグフレーション（景気後退とインフレの同時進行）を心配すべきです。労働者の需給バランスの改善が急務ですが、入国管理法などの厚い壁に阻まれてままなりません。出生率を上げることも急務ですが、目の前の労働者不足を何とかしなければなりません。しかし一方で、外国人の流入は治安の悪化に繋がることも否定できません。打てる手がとても少ないのが現実です。１９９０年代以降アメリカで起こったＩＴ革命のような産業革命に匹敵するようなことが起きなければ出口がないのかもしれません。

また、間違った金融緩和策は金融機関の経営を厳しくすることを知る必要があります。いわゆる竹中改革で健全になった日本の銀行ですが、国債の利回りが悪化することで、運用がままならなくなります。マイナス金利により貸出が増えるといいますが、そもそも需要予測が生産能力を上まわらなければ企業の資金需要は増えないわけで、いくら銀行が貸したくても貸す先がないのが現状です。ＥＵでもマイナス金利策がとられているといいますが、前提となる条件が大きく違い、日本ではマイナス金利策は有効に働かないといわれています。

私たちは、エリートが国家を運営しているのだから大きな間違いはしないと思い込んでいますが、年金制度一つとっても、ありえない状態になっています。そろそろ状況を正しく理解できる一人一人が声を上げるべきではないかと思っています。

次のページの表は各国の公的年金制度を比較したものです。今までは実に25年以上の掛け金の期間がないと給付されない異常な制度でした。

●医療費の異常

日本の税収は60兆円弱です。一般会計が１００兆円弱ですから、実に40％は国債などの借金でまかなっているのです。諸外国と違い、国債は国内で引き受けられているので日本は健全だという人がいますが、市場はグローバルです。そんな呑気なことをいっている場合ではないと思います。

ところで問題なのは医療費の金額です。実に40兆円を超えています。税収60兆円に対して40兆円です。これは明らかに異常です。
日本は人口100万人当りのＭＲＩが46．9台、ＣＴスキャナーが101．3台

	ドイツ	フランス	スウェーデン
	1階建て （適用対象外）／一部自営業者年金／一般年金保険／鉱山労働者年金保険 無業者・自営業者／被用者及び一部自営業者	1階建て （適用対象外）／職域毎の自治制度／一般制度／特別制度 無業者／自営業者／被用者	1階建て 保証年金／所得比例年金 無業者等／被用者及び自営業者
	民間被用者及び一部の職業に従事する自営業者（弁護士、医師等）	被用者及び自営業者	被用者及び自営業者
	（一般被用者） 18.9% （労使折半）	（一般被用者） 16.85% 本　人:6.85% 事業主:10.0%	17.21% 本　人:7.0% 事業主:10.21% ※その他に遺族年金の保険料1.17%が事業主にかかる（老齢年金とは別制度）
	65歳2か月 ※2029年までに67歳に引上げ	61歳2か月 ※2017年までに62歳に引上げ	61歳以降本人が選択 （ただし、保証年金の支給開始年齢は65歳）
	5年	なし	なし （保証年金については最低3年のスウェーデンでの居住が必要であり、満額受給は40年の居住が必要）
	給付費の27.8%（2012年）	一般税、一般社会拠出金（CSG）等より約31.4%（2012年）	保証年金部分

	日 本	アメリカ	英 国
制度体系	2階建て 厚生年金保険 / 共済年金 国民年金 全居住者	1階建て (適用対象外) 老齢・遺族・障害保険 無業者 被用者及び自営業者	2階建て 国家第二年金 / 職域年金 (適用対象外) 基礎年金 無業者等 被用者及び自営業者
強制加入対象者	全居住者	被用者及び自営業者	被用者及び自営業者
保険料率(2013年末)	(一般被用者) 厚生年金保険:17.120% (2013.9～、労使折半) ※第1号被保険者は定額(2013.4～、月あたり15,040円)	12.4% 本人:6.2% 事業主:6.2%	(一般被用者) 25.8% 本 人:12.0% 事業主:13.8% ※保険料は労災、雇用保険等の財源にも利用
支給開始年齢(2013年末)	国民年金(基礎年金):65歳 厚生年金保険:男性:61歳 女性:60歳 ※男性は2025年度までに、女性は2030年度までに65歳に引上げ	66歳 ※2027年までに67歳に引上げ	男性:65歳 女性:61歳11か月 ※女性について2018年までに65歳に引き上げられた後、男女ともに2020年までに66歳に引上げ ※さらに、2034年から2046年にかけて男女ともに66歳から68歳に引上げ
年金受給のために必要とされる加入期間	25年 (2015年10月に、25年から10年に短縮される予定)	40加入四半期 (10年相当)	なし
国庫負担	基礎年金給付費の2分の1	原則なし ※2011年・2012年については一時的な特例措置として保険料率が2%引下げられたため、不足分を補うために国庫負担が行われた。	原則なし

年金制度の国際比較(平成26年版厚生労働白書)

（2012年OECD調べ）です。イギリスはMRIが6．8台、CTスキャナーが8．7台ですから、日本の充実度がわかります。喜ばしいことではあります。

しかし一方で、過剰とのそしりは免れません。日本は国民皆保険の元、若年層で3割負担、前期高齢者で2割負担、後期高齢者で1割負担となっています。実は医療費の世界では経済学でいう「共有地の悲劇」（無償で提供されることによって引き起こされる荒廃）が起こっています。実際の価値よりもかなり低い金額でサービスが提供される場合、個人や組織に効率化インセンティブが働かないことにより、正しくサービスの質や適正量が維持されなくなります。そもそも、診療技術の違う医師や歯科医師に一律に保険点数が決められていること自体異常です。何もできない新人でも、ベテラン医師でも値段が同じは、本当はありえません。

現在、安倍内閣では医療費問題が最重要課題の一つといわれていますが、効率化インセンティブが働かない弊害を取り除かなければ、何の結果も出せないとしか思えません。

●人類未体験ゾーンの超高齢化社会

超高齢化、人口減少は私たちの生活に大きな影響を与えますが、前例がないので、わからないことも多いと思います。しかし、経済には大原則があります。「市場原理に任せることにより神の見えざる手が働いて、必ず社会の全体の効用は増大する方向に向かう」という考え方です。

もちろん市場に任せることが適当でないものもあります。典型的なのは道路です。道路は公共財と呼ばれます。公共財は競争原理が働かないので市場原理に任せようがないものです。道路公団は民営化されましたが、本来民営化に馴染まないものです。

公共財ではありませんが、規制を撤廃して、完全な自由競争に任せるべきでないものもあります。例えば金融です。金融は複雑で一般の人にはその金融商品が健全かどうかを判断することができません。従ってなんらかの規制が必要です。現在のグローバル経済の実態は金融に関しては規制緩和が行き過ぎているように見えます。サブプライムローン問題やリーマン・ショックはその結果でもあります。

一方で医療はどうでしょうか。医療を自由化することに抵抗感を感じる方は多いと思います。国民皆保険はほとんどの方には喜ばしい制度だと思います。しかし、医療の世界も自由競争が働かないことにより発達が遅れている部分もあります。詳しくは他章に譲りますが、過度な規制は適切な治療や治療技術の発達を遅らせます。よく日本の歯医者は治療が遅いといわれますが、保険制度でがんじがらめになり、適切な治療が進められないという現実もあります。

私たちは未体験ゾーンに突入しているのですから、もっと柔軟に医療を受け止め、自由診療の範囲を広げるべきではないかと考えています。患者様ももっと自由に包括的に治療方法を広範囲な中から選択できるようになることが必要だと思います。

日本は医療関係の規制が厳しいところですが、私たちは医療のあるべき姿を目指して、自由診療の範囲を広げることを強く提案しています。

（文／田中肇）

04 本当に正しい医療が終活を変える——本当に正しい医療とは？

●世界に誇れる日本の医療

日本の医学、医療技術、医療機器、そしてその普及率は世界最高水準です。ノーベル医学・生理学賞は、１９８７年に利根川進教授が「多様な抗体を生成する遺伝的原理の解明」で受賞、２０１２年には山中伸弥教授が「様々な細胞に成長できる能力を持つｉＰＳ細胞の作製」で受賞、２０１５年には大村智名誉教授が「線虫の寄生によって引き起こされる感染症に対する新たな治療法に関する発見」で受賞しています。

そもそも、ノーベル医学・生理学賞はアジアでは日本国しか受賞はありませんし、ノーベル賞自体のランキングも世界の中で8位と圧倒的上位です。私は、アメリカのみならず、ドイツ・イタリアなどヨーロッパ、そしてアジア各国やアフリカ等の大学病院や私立病院、しかも脳外科や外傷外科などのあらゆる診療科や研究所、クリニックなど訪れたことがありますが、その知識や技術や医療機器、薬剤はもちろんのこと、その日本人の手先の器用さに関しては間違いなく世界一です。本当にこの国は素晴らしい、と海外に行けば行くほど実感させられます。加えて、日本人の丁寧さ、礼儀正しさ、平等性、おもてなしの心なども医療に反映されています。

このように、日本の医学・医療機器、に関しては日本人として、誇りに思うことです。では、日本の医学と医療の歴史と文化はどのようなものなのでしょうか。

朝鮮半島を経由して、あるはその後の遣唐使や遣隋使によって医療による知識は日本にもたらされました。日本の文書による医療制度の最初は、飛鳥時代の大宝律令にあります。大和時代や弥生・縄文時代にも治療は当然あったと考えられますが、文書による記録は大宝律令が最初です。大化の改新を契機に、その当時大陸に派遣されていた遣唐使によってもたらされた唐の制度に習って、７０１年に大宝律令が編纂されました。これによって、我が国は律令政治が始まり、現代に至る法治国家としての形をなしました。大宝律令には、天皇を中心として、太政官と神祇官の二官と中務省、式部省、治部省、民部省、大蔵省、刑部省、宮内省、兵部省の八省からなる中央官僚機構が設置されました。これが現在に至るまでの官僚制度の始まりです。

さて、大宝律令には日本で最初の医療制度である「医疾令」が定められました。第21番目の記載です。医師を朝廷が養成して官吏となし、諸国に配置して医療に従事させようというものです。その内容は、現在の診療科でいう内科・外科・小児科・眼科・耳鼻科・歯科・鍼灸・按摩などであり、13〜16歳の医師の子弟40名を現在でいうところの医学生として選抜し、彼らを厳しい試験を課して中央政府や地方行政機関に配属する、というものでした。現在の国立大学医学部や歯学部の教授に相当するのではないでしょうか。卒業生は医官として従八位の官位や禄が付与されることが定められていたそうです。

ちなみに当時の歯科は、大宝律令では耳目口歯科と称される診療科であり、以後平安末期に口歯科と変わり、平安桃山時代に口中科となった時は、現在でいう、内科と歯科を包括した診療科でした。江戸時代では口中医は「上医」といって、医師の中でも最上位の位であり、当時の朝廷や徳川家の侍医として仕えていました。明治初期まで一専門医として「口中科」が明記されており、歯科医師・医師という身分制度はなく、口中専門の医師として扱われ、政府は医師を医歯一元制を採用していたのです。実は、私が歯科と内科を併設してクリニックを開業しているのも、医歯一元制をとらなければ、正しい医療が行えないからなのです。このことは、後ほど詳しく述べます。

さらに、鍼灸漢方薬などの中医学（中国医学）も、日本では独自に改良して著しく発展しました。日本には遣隋使と遣唐使によって、あるいは朝鮮経由で中国から中医学が伝えられました。前述したように、飛鳥〜平安時代の律令政治によって、中国医学も広められていきました。現存する日本最古の中医書『医心方』は丹波康頼によって982年に編纂されています。

現在でいう、漢方医学といわれるものが日本独自で発展するのは16世紀になってからです。江戸時代になると、日本の中医学医師らが様々な学派に分かれて発展する一方で、対立もしました。後世派という学派が陰陽理論や五行理論といった抽象的な理論に基づくのに対し、古方派という学派は実証的（問診、脈診など舌診に基づく）傷寒論に基づいていました。傷寒論は実践的であり、現代の漢方薬や鍼治療もこれに基づいており、西洋医学者である杉田玄白らの蘭学医にも影響を与え、華岡青洲による世界最初の麻酔手術にも繋がっていったのです。

しかしこのことが、結果として西洋医学流入を促してしまい、江戸の末期になると漢方医学が衰退していきました。しかし、学派の対立や西洋医学の流入によって、江戸時代の医療は現代でいうガラケーのような状態になり、浮世絵のように日本独自の医学が発展したのも事実です。鍼治療の鍼も日本独自の器具や手法に進化しましたし、漢方薬の処方も日本独自のものが生まれて発展したのが江戸時代の末期となります。

時代が変わり、明治政府の政策により1874年以降は西洋医学を学び医師免許を取得しなければ「医師」と名乗ることができなくなってしまいました。これによって、朝廷に仕えていた口中医という名称や漢方医という名称が正式には消えてしまいました。明治から昭和にかけて一時的に、漢方医学は衰退します。

戦後になり、１９５０年には日本東洋医学学会が発足したり、１９７６年には漢方方剤のエキス剤が健康保険適用になったりするなど漢方処方へのハードルが下がることが幸いするなどして、歯科医師・医師らが東洋医学を臨床に応用するようになり、徐々に日本での東洋医学が復権し始めました。歯科では、70~80年代に顎関節症に鍼治療を応用したり、鍼麻酔を導入したりすることが始まりました。

一般には、漢方治療の担い手の主体はまだまだ歯科医師・医師というよりは薬剤師や鍼灸師あるいは漢方薬局というイメージですが、近年急速に漢方医学に関心や理解を示す歯科医師・医師も多くなってきています。現代西洋医学とは体系が全く異なる漢方医学を十分に理解して実践している歯科医師・医師はまだ一握りといわれていますす。一方これは漢方薬剤師や鍼灸師にも同じように、西洋医学には精通していないものが多い点で両者に当てはまることなのが現状です。

本来、東洋医学と西洋医学は敵対するものではなく、包括・融合すべきものなのです。そしてなにより歯科医師・医師のみならず、看護師や作業療法士、鍼灸医、看護助手、医療事務、受付など、日本人の丁寧さ、礼儀正しさ、平等性、おもてなしの心などは、著しく医療の世界にも反映されています。東洋、西洋医学の融合とおもてなしの心。やはり、日本の医療は素晴らしいと、自信を持って言えると確信できます。

●生活習慣とストレスによる疾患と死亡がほとんど

ところが、問題です。本書のテーマでもある、「正しい医療が行われているか？」という命題に関して、日本の医療は大疑問点がついてしまうのです。

なぜ、こんなに素晴らしい治療技術、ノーベル賞をとる基礎医学の力、そして古くからの伝統医学である鍼灸漢方を持ち、手先が器用な日本人の基質に、おもてなしという国民性がある日本の医療に問題があるのでしょうか？　それは「日本の保険医療制度」に問題があるからです。

図10は、糖尿病とその予備軍の患者数の推移です。なんと、この50年で50倍にも激

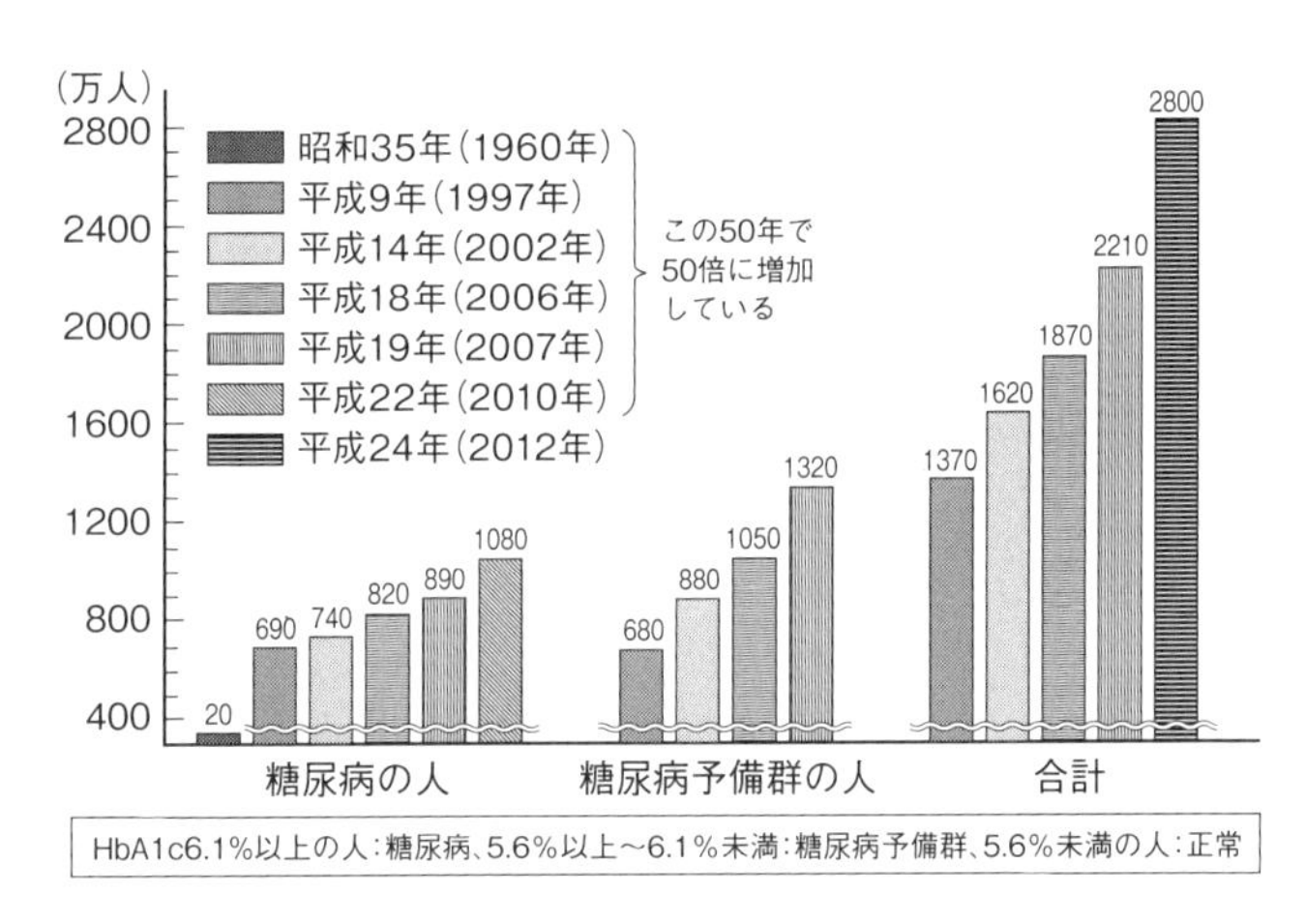

図10 糖尿病疾患の推移（厚生労働省の分類より）

増してしまいました。50年で人口は50倍には増えていませんし、65歳以上の老人は7倍しか増えていません。若年性の糖尿病も増えていますから、本当に糖尿病患者が増えているのです。高血圧症の患者も増えています（図11）。高血圧症の患者は、１０１０万８０００人です。同じように、約２．５倍も増えています。

さらに、高脂血症（脂質代謝異常）の患者数の推移です（図12）。患者数は２０６万２０００人にも上っています。この15年で2倍以上、患者数が増えています。高脂血症になると、ＬＤＬが１４０以上だ

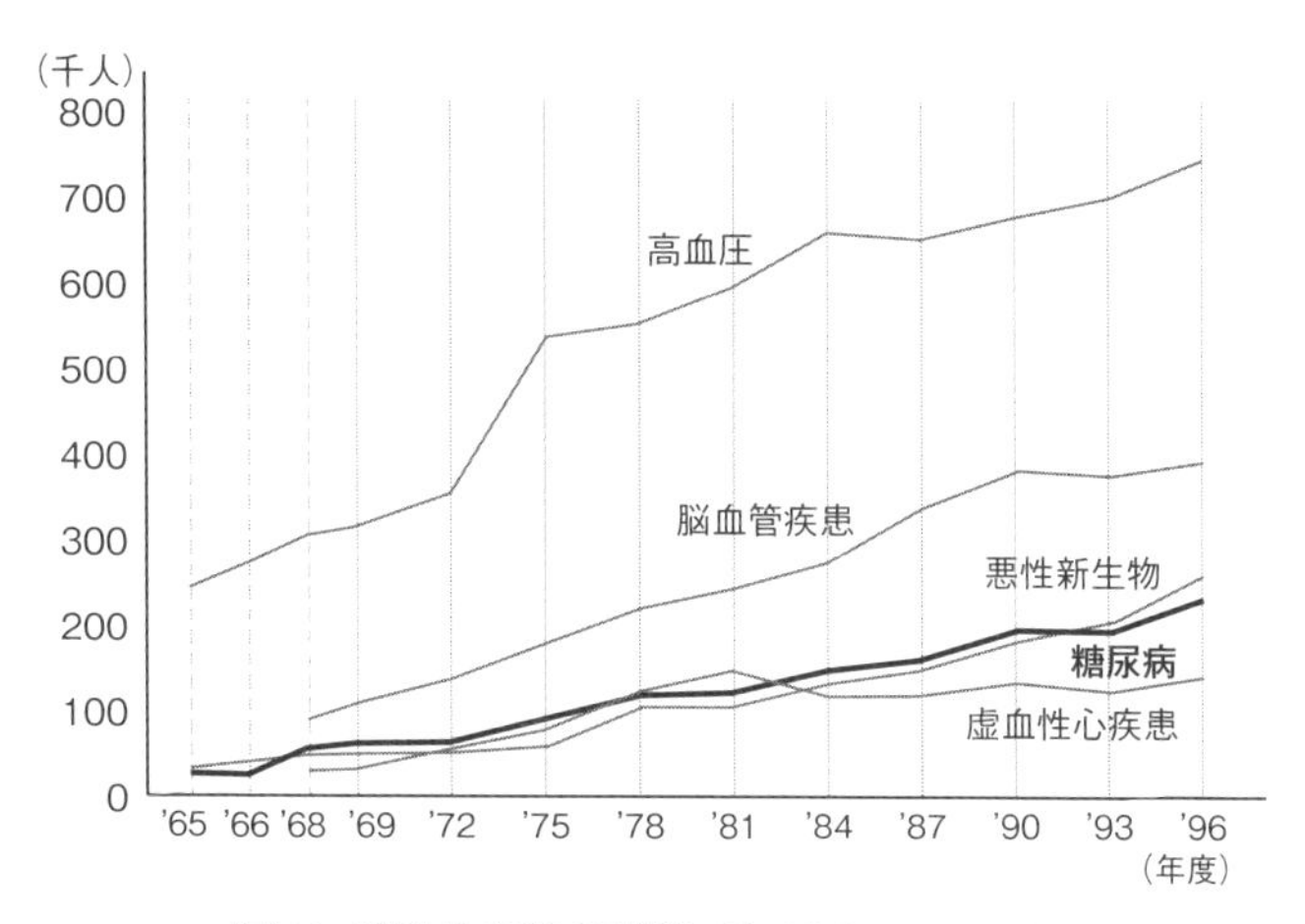

図11 推計患者数の推移（糖尿病ネットワーク）

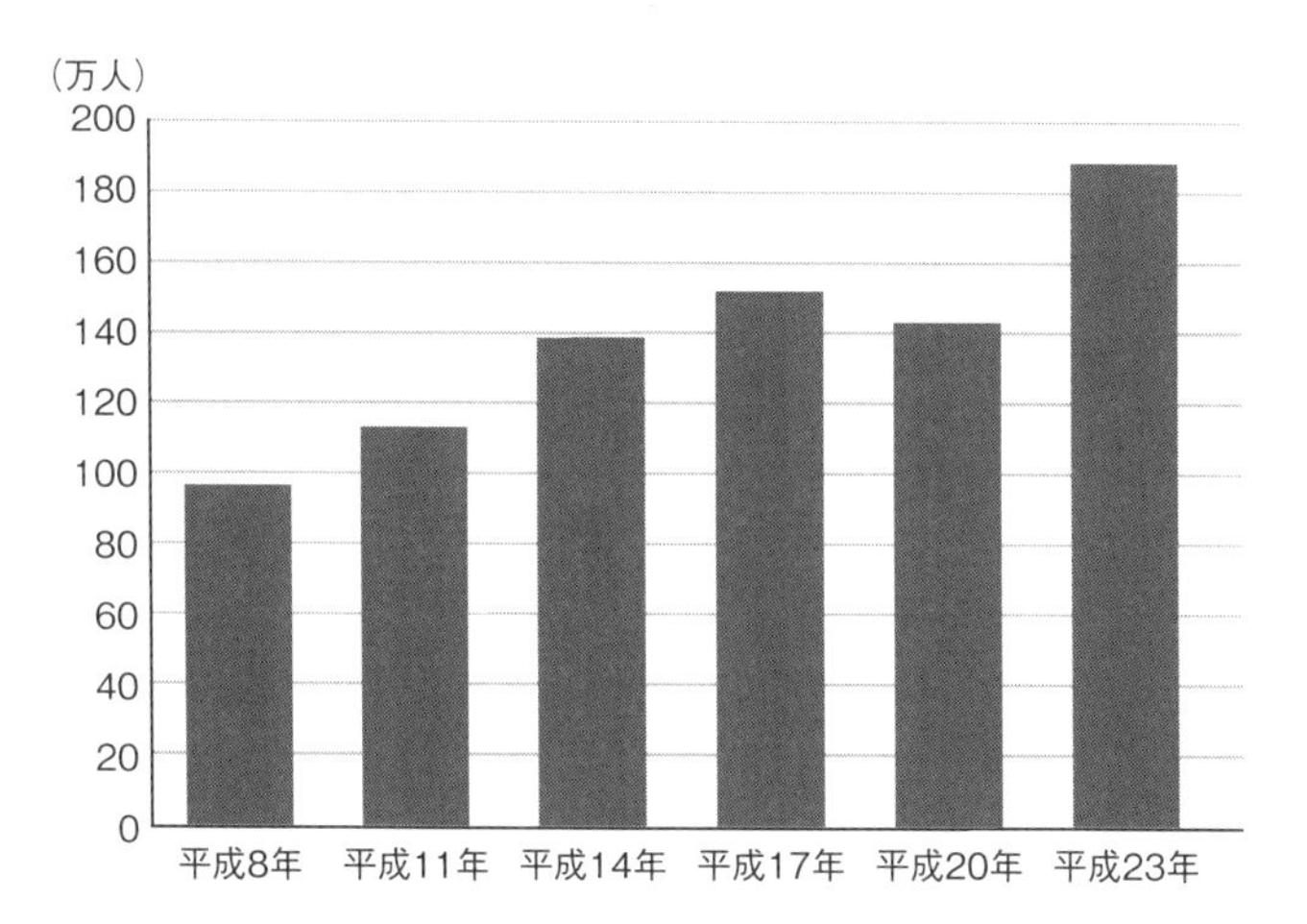

図12 高脂血症（脂質代謝異常）の患者数の推移
（平成23年患者調査、厚生労働省）

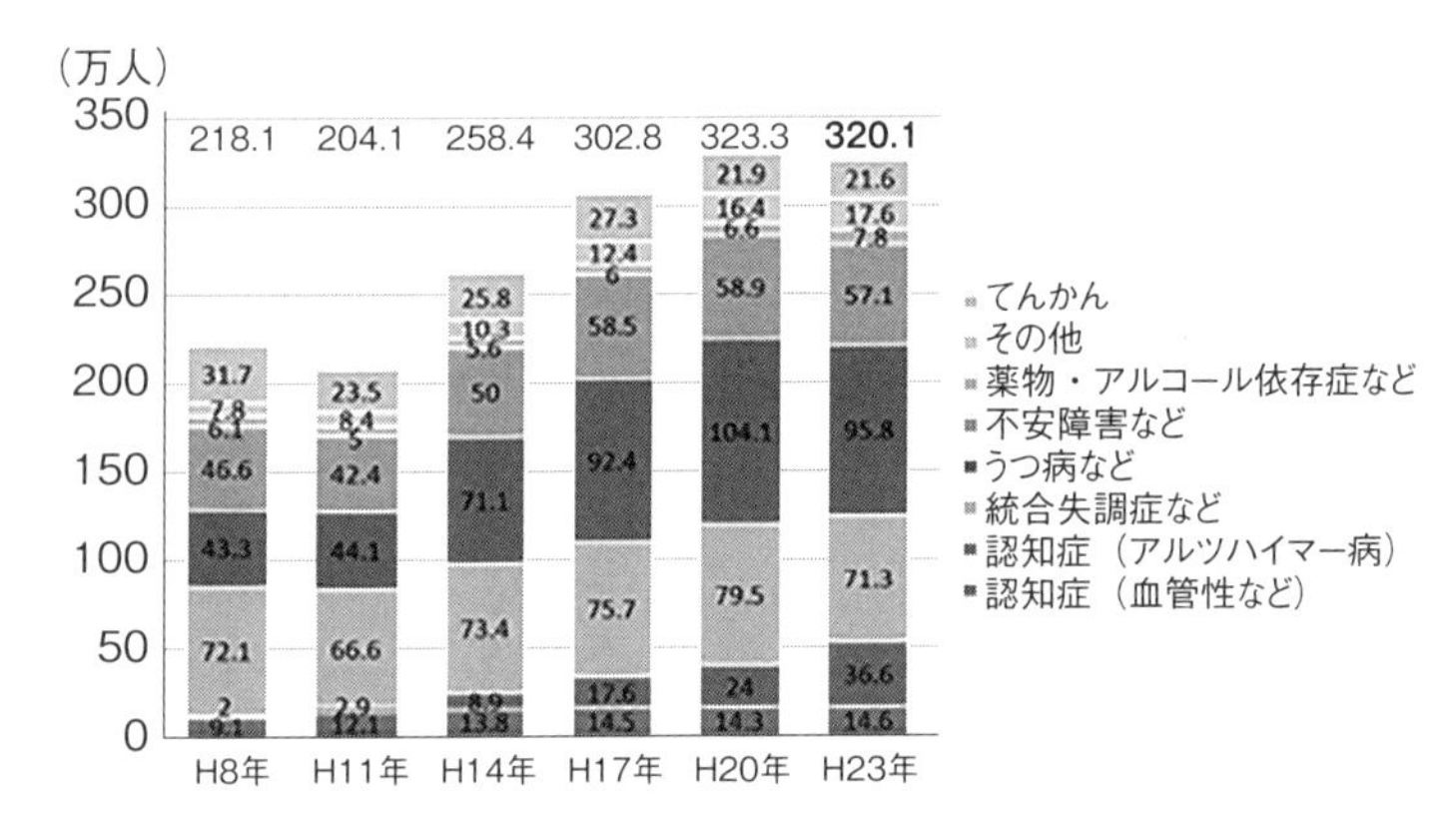

図13　精神疾患の患者数（みんなのメンタルヘルス／厚生労働省）

と80未満に比べて、心筋梗塞や狭心症の危険が2．8倍、中性脂肪（TG）が165以上だと84未満に比べて心筋梗塞や狭心症の危険が2．9倍にも跳ね上がります。糖尿病、高血圧、高脂血症は死の3重奏と呼ばれ、病気が病気を呼ぶ病気です。お互いに悪い協調をして、どんどん悪くなっていきます。

次に、うつ病の患者数の推移です（図13）。同様にうなぎ上りで患者数、抗うつ薬の市場規模も激増しており、この15年で2．5倍以上増えています。うつ病自体は100万人を超えており、精神疾患の患者数そのものは、320万人を超えています。

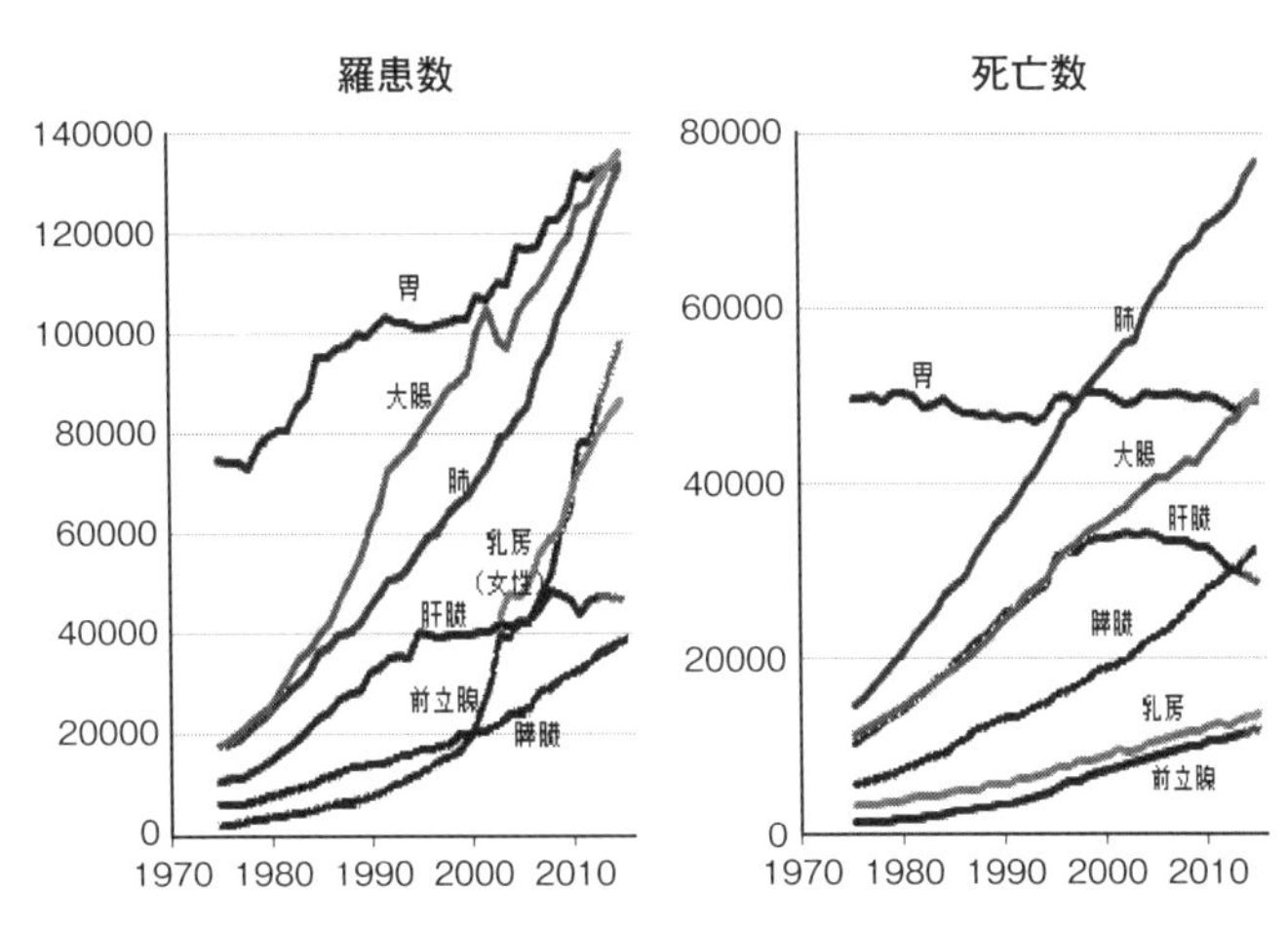

図14　2015年の癌罹患数と死亡数（国立社会保障・人口問題研究所）

いったい全体、なぜこのような病気の異常増殖が増えているのでしょう？　次に癌の患者数と死亡数です（図14）。

２０１５年の予測癌罹患数（新たに癌と診断される癌の数）は、98万２１００例（男性56万３００例、女性42万１８００例）で、２０１４年予測値より約10万例増加しました。癌登録の精度向上が罹患数を増やしていることと考えられていますが、死亡数も37万９００人（男性21万９２００人、女性15万１７００人）で、２０１４年の予測値より約４０００人増加で全体としては右肩上がりで増えているのです。

おかしいと思いませんか？　医療機器が発達して癌を発見できる確率が高くなるので、罹患数が増えるのはわかりますが、なぜ死亡数も増加するのでしょう。これまで見つけられていなかった早期の癌が見つかるのなら、死亡数は減るはずですよね？？

みなさんも、何かがおかしいと感じるはずです。事実、科学は発達しています。医学もそれに伴って発達しています。人口は増えていません。むしろ減っているのです。医学も医療も診断機器も全て進化しています。でも、患者が増え続けているのです。

これには、大きく2つ理由があります。一つは、これらの疾患は一部の原因を除き、人間の生活習慣が原因だからです。生活習慣病は、食生活、運動、睡眠習慣、入浴習慣等、そしてストレスが原因です。食生活も運動も入浴もストレスも、医療では治せません。

医療とは、もともと風邪や肺炎などの感染症、あるいはけがなどの外傷を対象にしてきました。外傷は、戦争や自然災害などを除き、個人で防ごうと思ったら防ぐことは可能です。しかし、人類をずっと脅かしてきた感染症である、ペスト・天然痘・梅毒・淋病・スペイン風邪など、数々の大流行によって人類は何度も大量死を経験してきました。また、結核、コレラ、腸チフスやマラリアなど、現在でも地域や衛生状態によっては感染する疾患もまだ残っています。人類の歴史は、これら感染症との戦いの歴史でもあったのです。ところが、抗生物質をはじめとする抗菌薬の発達およびワクチンの開発により、これら感染症は激減しました。天然痘のようにいくつかの感染症は、絶滅までさせてしまったのです。

次に外傷です。戦時中はもちろんのこと、戦後もかつては日本唯一の国産エネルギー産業である炭鉱などの重労働者が多く外傷を被っていました。日本でも戦後しばらくは、炭鉱での落盤事故などが多発し、多くの方が大けがをしたり、亡くなったりしていました。これも、労働運動による労働環境の改善、機械化、ロボット化などによって、労働者のけがも激減したのです。

さらに交通事故による外傷です。交通戦争といわれた昭和45年頃は、24時間以内死亡者数が年間1万4000人、負傷者数が1万6000人、1年以内死亡者数は

2万2000人もおり、総数は5万2000人にも上っていたのです。これも、交通安全の啓蒙やエアバッグなどの安全装置により激減し、現在の死亡者数は年間4000人にまで減少しました。

一方で、ストレスや人間関係からなるトラブルによる死者である自殺はどのくらいあるのでしょうか？　自殺者数については、厚生労働省の発表でもここ十数年約3万2000人超と発表されています。しかし、実際は少なくとも日本の年間の自殺者は少なくとも11万人、多ければ15万人いるのではないか、と予測されています。その根拠は、日本には年間15万人もの変死者がいます。WHO基準ではその半分を自殺者としてカウントすることとなっています。つまり、本来世界基準で公表すべき自殺者数は、本当は11万人ということになるのです。

これは実に他の先進諸国の10倍です。さらに、政府では遺書がない場合は自殺にカウントされません。それだけ、ストレスによって亡くなる方が多いのです。当然、自殺する前には、うつ病などの精神疾患に罹患していることが予測されます。

医学の力は偉大です。つまり、発達した医学・医療・医薬品・医療機器のおかげで、従来治療対象であった、感染症と外傷は本当に激減したのです。つまり、人類が何万年も長く願っていた医療の目的は達成しつつあり、生活習慣とストレスによる疾患と死亡がほとんどになっているという衝撃の事実なのです。

これはここたった20～30年くらいの超劇的な変化であり、人類が飢餓や感染症、外傷と戦ってきた数十万年の歴史から考えれば、ほんの一瞬の出来事なのです。

●保険医療制度に問題あり

もう一つは医療制度の問題です。そもそも、日本の医療保険の始まりは、1922年に制定された健康保険法です。この法律は、工場で働く肉体労働者が対象で、ドイツの医療保険を参考に作られました。先ほど述べたように、日本の公的医療制度は、時代背景から主にこの感染症とけがを対象にできたのです。ところが、戦争で政府に社会保障の費用が足りなくなったこと、また敗戦したことで、戦前の公的医療制度はほぼ全て瓦解してしまいました。

戦後、ＧＨＱによる日本の統治が始まり、軍人などに対する恩給支給停止がＧＨＱから出されると、その対応として社会医療保険制度の再検討が話題となりました。けがや病気をした軍人に対する治療の問題、そして当時は結核患者が多く、年間15万人前後が死亡し、患者数はなんと２００万人にも及んでいたのです。さらに、農業や自営業者、零細中小企業の従業員を中心に、国民の約３分の１が無保険者という大社会問題となっていました。

１９５２年に占領が終わると、日本の政治的状況は混乱を極めます。そして戦前の瓦解してしまった社会保険制度をどう立て直すかが、保守・革新の両政党ともに最も力の入れた政策となりました。岸信介総理大臣（当時）は、１９５７年の臨時国会にて全ての国民が健康保険加入を義務づける新しい国民健康保険法について演説して法案は成立し、１９６１年には国民健康保険事業が全国の市町村で始められ、いわゆる国民皆保険が実現されました。朝鮮特需から始まる高度経済成長という繁栄の陰で生まれた経済格差の問題の解決の一つとして、国民皆保険は重要な国家的政策目標の一つであったのです。

しかし、全国民的に統一した医療制度ではありませんでした。これは、短期間に統一した国民皆保険制度を実現するためにはあまりに時間がないため、戦前に作られた軍の恩給制度をベースにしたものも含め、様々な医療保険制度を全て存続させた上で、それに入っていない者全てに国民健康保険加入を義務付けた上で、実施を全市町村に義務化したことでいわば無理やり国民皆保険が達成されたのです。国民皆保険制度以前の被用者の医療保険制度は比較的手厚く、医療レベルの低下を雇用主も被用者も望まなかったため、政府が制定した新たな国民皆保険制度では、既得権益として被用者が既存の制度と同じように医療を利用できるようにするしかなかったのです。

そのため、加入者は自分の好きな医師や病院を自由に選び、どこであろうと、同じ治療投薬を受けられ、日本中どこでも同じ診療報酬が適用され、患者がどの保険の加入者かを問わず、医療機関には同じ金額が支払われ、そのため医療機関側にも特定の保険の被保険者を好んで受け入れる理由はない、という夢のように充実した医療制度が誕生したのです。これを「フリーアクセス」制度といいます。しかし、この制度の本来の主旨は、良質な医師・病院を「患者が選べる」ということで、どこに行っても同質の医療が受けられるということではなかったのです。

このような経緯もあり、国民健康保険制度の発足に際しては、厚生省（当時）と日本医師会との間で深刻な政治的対立が生じていたのです。厚生省は国民皆保険を利用して医療に対する官僚支配を強めようとし、これに対して日本医師会は対立傾向を強めていきます。吉田茂元首相の義理の甥に当たる武見太郎氏が日本医師会会長に就任してからは、この傾向がとくに顕著となったのです。

日本医師会は、現在も含め大半が開業医であるため、改正国民健康保険法が施行される直前、均一ではあるものの安い診療報酬に対抗するため、医師としての自律を守るとの大義の下に、医師の一斉休診という医療ストライキに打ってでました。当時の自民党首脳は直ちにこの運動に政治介入し、日本医師会と協議の上、日本医師会が新制度を受け入れる代わりに高額の薬の処方・調剤に対する規制が緩和されること、すなわち高額の保険収入を得られるようにすること、そして診療報酬そのものを引き上げること、さらに開業医師の優遇税制を認める形で妥結したのです。

このことが、本来の社会保険の目的である、「必要にして最小限度の医療を広く国民に行い、公衆衛生の向上に寄与する」ことから、「どんな治療でも保険に入れてしまう」「どんな高い治療もタダでできる（当時、被用者は負担0割、家族が5割）」という、被用者にとっても医師にとってもうまみのある社会保障制度となったのです。この社会保障制度は、経済成長が10％以上という高度経済成長時代、そして高齢者が少なく労働者人口も消費者人口も多いという、時代の産物だったのです。

現在の日本は、超低成長時代です。バブル経済以降は20年以上のデフレという、日本の歴史上初のマイナス成長時代を歩みました。これは保険収入だけでなく、保険治療に当てる税収の減収も意味します。くわえて、人口構造の逆転により、国民皆保険制度は、保険の収入と治療費の給付という、保険の需給バランスも完全に逆転してしまいました。要するに構造的に赤字になっているのです。

長くなりましたが、この二つの点をまとめます。まず、疾病構造が変化し、感染症と外傷が激減する一方で、医療では治せない生活習慣とストレスが原因の疾患が増えた。そのため、糖尿病・高血圧・高脂血症・癌・うつ病などが激増している……①

そもそも、日本の医療制度は、戦前の肉体労働者保険や兵士の恩給制度をベースにしており、主に感染症と外傷の治療のために作られた……②

戦後、GHQの撤退と高度成長のために政治が混乱したこと、そして経済格差を埋めるために、自民党・社会党の左右の政党が相乗りする形で、国民皆保険制度ができた。これは、それ以前の保険が手厚い物だったので、レベルを下げるわけにはいかないので、日本全国どこでも同一治療、同一料金、地方でも都会でも、全国民が手厚い医療ができるようなシステムにしてしまった……③

この巨大になったシステムを官僚が支配しようとすることに対抗し、医師会がストライキまでを打とうとしたため、政治決着で医師に対する高額な報酬と税制の優遇と

いう制度が定着した……④

③と④は、非常にカネのかかる制度であるが、高度経済成長によってなんとか上手く運営されてきたが、バブルの崩壊による歳入の悪化と人口構成の激変によって、保険財政は超赤字体質になってしまっている……⑤

赤字垂れ流しのシステムのまま、予防をしなければ治らない①である生活習慣病とストレスという疾患のために、②の医療システムである対症療法では、いつまでたっても①が治らない治療に対して、保険診療の給付が被用者に行われ、医師には高額な報酬が支払われている……⑥

生活習慣とストレスは、患者個人個人が全く違うシチュエーションであり、同一治療同一料金である③では治療が完全に不可能である……⑦

⑥と⑦によって、一般歳出（国が使うお金）約１００兆円のうち、なんと40兆円が医療と介護と福祉に使われており、国家財政に壊滅的ダメージを与えている。

つまり、現在の病気のほとんどの原因である、生活習慣とストレスの治療には、国民皆保険制度の医療を当てはめず、「正しい医療を行うこと」が大切なのです。

繰り返し言います。糖尿病、高血圧、高脂血症、癌、うつ病は、国民皆保険制度では、対症療法はできても、原因除去療法はできません。極論は一生、薬を飲み続けるか、いずれ死んでしまうかです。それとも何か他に、国民皆保険制度を使わないで、真の予防である発症前診断と、もし発症したとしても原因除去療法を行えることがあるのでしょうか？

あります。それが、江戸時代に遡る、東洋医学と西洋医学、そして口中医の医療を現在のサイエンスで行う治療なのです。これを私は『包括治療』と名付けています。この治療を行うことによって『真の終活』を進めるのが本書の目的です。

（文／吉野敏明）

05

東洋医学と西洋医学、歯科と医科を融合した包括治療とは？

―治療の理想は、予防よりさらに先行する、発症前診断と発症前治療―

●『国民皆保険制度教』という洗脳

さて、前章で本当に正しい医療とは、包括治療である、と述べました。本章では、それを深く掘り下げていきたいと思います。

まず、現在の日本の病気の実態は、そのほとんどが生活習慣病です。名前の通り、生活習慣が原因ですから、生活習慣を変えれば治すことも可能なのです。その予防も、生活習慣を変えることです。

実は、治療としてはお金もかかりませんし、薬も使いません。非常に簡単な方法です。誰にでもできますし、子供でもできます。ただし、一つだけ非常に困難なことがあります。それは、日本人が「病気になったら、医者に行って薬をもらうか、治療をしてもらえば良い、治療は本来タダでしてもらえるもの」という洗脳から脱却する必要があるからです。

これは、強烈に困難なことです。洗脳というものは、洗脳から脱却した人しか、洗脳されている、あるいは洗脳されていたことに気が付かないからです。20〜30年ほど前に、オウム真理教が起こした様々な事件がありました。東大や医大などを卒業した高学歴な者を信者とし、さらに彼らを使ってたくさんの信者を洗脳して、地下鉄サリン事件などを含む、様々な重大事件と社会問題を起こしたのは記憶に新しいと思います。その信者たちは、なかなか洗脳から抜け出すことができず、事件から20年近く経っても逃走を続け、麻原彰晃から指導を受けなくとも洗脳状態が維持されていたのです。

これは、洗脳のメカニズムをよく理解し、脱洗脳する方法をとかなければ、カルトからは脱出できません。どんなに正しいことを言っても、説得しても、言えば言うほど洗脳が深くなっていくのが洗脳のメカニズムだからです。

本書は脱洗脳を図るための本ではありませんが、本当に正しい医療を行って、正しい終活にするためには、少しだけ洗脳と脱洗脳のメカニズムに触れないわけにはいきません。なぜならば、その洗脳によって、患者と国民のみならず、医師やそれを指導する役人や政治家までが、『国民皆保険制度教』という洗脳に掛かっているからです。

【洗脳のメカニズム】

洗脳のメカニズムは、どこにでも潜んでいます。我々が気が付かないうちに、どんどん私たちは洗脳されるような社会に日本はなっています。

ごくごく簡単な例をいくつか挙げてみましょう。

かつて、『笑っていいとも！』という番組のテレフォンショッキングというコーナーで、タモリさんが「明日来てくれるかな？」というと、明日来る予定のゲストが「いいとも－！」と言いましたよね？　別に無理に言わなくても自然に「いいとも－！」を言ってしまうのです。

同じような例をまとめてみます。

「8時だヨ！」「全員集合!!」

「元気ハツラツ！」「オロナミンC！」

「タンスに」「ゴン！」

「痛くなったら」「すぐセデス」

「ヒデキ」「感激〜！」

「亭主元気で」「留守がいい」

「スカッとさわやか」「コカ・コーラ」

「いつかは」「クラウン」

など、10年20年前のコマーシャルやテレビ番組でも、上の句である「8時だヨ！」と言われると、下の句である「全員集合!!」と叫んでしまうのです。

この上の句を脳機能学では「アンカー」といいます。そして下の句を「トリガー」といいます。アンカーとは、船のイカリのことです。あるいは、陸上リレーの最後の選手もアンカーといいます。アンカーの意味は、船のイカリがこれを海底に下ろして、岩にひっかけて、船を固定することから、固定する、支える、頼みの綱、などから意味が転じて最終走者、固定源、などという意味です。脳機能学では、アンカーとは、「ある考えを記憶に固定する」という意味で使われます。

次に、トリガーです。トリガーとは、鉄砲の引き金です。このトリガーを指で引くことで、鉄砲から弾が飛び出します。つまり、脳機能学では、アンカーとなったある思考や概念を、トリガーとなる言葉、音、音楽などで記憶から導き出すことです。

我々は、日々このトリガーとアンカーに支配されています。先ほど述べた、「8時だヨ！」がアンカーで、「全員集合!!」がトリガーなのはよくわかると思います。実は、このアンカーを脳に入れて固定するには、脳が「快」の状態でなければならないのが絶対条件です。どんなに無理やりアンカーにしようとしても、脳が「快」と思わなければ、固定されないのです。

先ほど示した、コマーシャルやテレビ番組は、全部、面白いもの、ふざけたCMやバラエティー、そしてお笑いです。あるいは、美味しいとか、痛みから解放される、高級車に乗るという、脳が「快」と感じるものばかりです。この時、脳からはβエンドルフィンやセロトニンといった、脳内麻薬物質が放出されます。そして、トリガーを繰り返し繰り返し引くうちに、いつのまにかアンカーが目の前に現れると、自分でトリガーを引いてしまうようになるのです。これが、テレビ番組の視聴率が上がったり、CMで見たものをスーパーマーケットやコンビニで買ってしまうメカニズムなのです。

我々が小学校で、チャイムがなると授業が終わるので帰るしたくを始めたりするのも、「学校から解放される＝快」だからです。デパートなどで、閉店間際になると、お客を帰そうとするために「蛍の光」を放送します。学校の卒業で別れを意味する「蛍の光」は悲しみです。その悲しみの曲から逃げだすこと＝解放される、ですから脳は快を求めてお客は自然に帰るのです。「帰ってくださ〜〜い！！」と従業員がメガホンで怒鳴らなくてもお客は勝手に急いで帰るのです。

この音や音楽を使ったシステムはそこら中に仕掛けてあります。学校のチャイムもそうですし、電車の駅のベルやブザーもそうですし、救急車やパトカーのサイレンもそうです。お笑い番組で、無理やりおばさんたちが笑う声などが、編集であとから被せてあるのも同じです。それで、笑いを誘発するのです。

オウム真理教がこのアンカーとトリガーのシステムを悪用したのは、麻原彰晃の考えを、ＬＳＤなどの麻薬を使って脳が強烈な「快」の状態がある時に、徹底的に叩き込んだからです。そして、どこにでもある物、事、事象をきっかけに、麻原彰晃とオウム真理教に対する帰依が深まるように仕組んだからです。

例えば、トイレに行けば、誰でも水を流します。その時に、麻原彰晃の歌が流れるようにしておくとします。洗脳された逃走中の信者は、麻原がいなくとも、トイレの水を流すたびに「ショコー　ショコー、ショコショコショウコ――……」といった歌や教義が頭の中に流れてしまうのです。一度、脳にアンカーとなって記憶に杭打たれてしまったものは、抜くことができないのです。

それで、私たちは、30年以上前に放送が終了したドリフターズの『8時だョ！全員集合』も、「8時だヨ」と言われると、自然に「全員集合！」と言ってしまうのです。

これを、言わせないように、あるいはアンカーである「8時だヨ」といかりや長介さんが叫ぶ脳の中の記憶の画像を消すことは、絶対にできないのです。これが恐ろしい洗脳のメカニズムです。

タバコを止められないのも、アルコールを止められないも、覚醒剤を使用した人がまた使ってしまうのも、アンカーとして脳に「快」の記憶があるからなのです。

私は、もともと歯科医師でしかも歯周病専門医、さらにそのなかの「再生治療」の専門家です。歯周病菌によって侵されて溶けてなくなってしまった骨や歯の回りの歯肉を再生によって再び患者さん自身の細胞を使って再生・再建するのが私の仕事です。

再生治療が失敗してしまう、最大の要因の一つが喫煙です。タバコの中のニコチンやタールのみならず、タバコをふかすことによって、一酸化炭素が口の中に充満します。これによって、再生しようとしている未熟な細胞が壊死して、それで再生治療が上手くいかないのです。

我々歯周病専門医のさらに再生治療専門医は、タバコを止めさせるのが至上命題です。そうしなければ、手術が失敗してしまうからです。これまで、タバコを止めさせる方法として、ニコチンガムを使ったり、ニコチンパッチを皮膚に貼るなど、またタバコがどれだけ体に悪いかなどのグループカウンセリングをする、あるいは強制的に入院させてタバコを吸わせない、などの治療の方法が取られてきました。

しかし、いずれも極めて成功率は低いです。それは、「タバコを吸うと気持ちいい」とか「タバコを吸うとリラックスする」、あるいは「タバコを吸うとストレスが発散される」という、アンカーがあるからなのです。ある行為をした時に脳に「快」である、とアンカーされてしまったら、その記憶を消すことはできませんから、どんなに医学的にカラダに悪いと思っていても、家族に迷惑をかけると思っていても、絶対に止められないのです。ニコチン中毒だけでは説明できないのは、この洗脳のメカニズムを医師も知らないからなのです。

私は、再生治療を成功させるために、洗脳のメカニズムを勉強し、そして脱洗脳プログラムも勉強しました。「快」の記憶を消すことはできません。となると、脱洗脳とは、「快」の記憶を消すのではなく、「アンカーが現れると不快」と脳のプログラムを書き換えることを意味するのです。

男女が恋愛に陥ると、脳内麻薬であるβエンドルフィンが出ます。そして、セックスをすると、さらにβエンドルフィンやセロトニンやメラトニンなど様々な脳内麻薬が出ます。それで、性行為が終わった後は眠くなるのです。

ところが、人間はカップルが成立して4〜5年たつと、相手を見てもβエンドルフィンが出なくなります。つまりときめかなくなります。そして男女は恋人から親に成長し、お父さんとお母さんになるのです。そして今度は、可愛い子供を見ることで、βエンドルフィンが出るようになります。

神さまがそのように、人間をプログラミングしてあるのです。つまり、アンカーの書き換えが起こったのです。これが、タバコを止めさせるヒントです。

我々医師がタバコを止めさせるには、「止めたほうが快」である状況を作り上げるのです。それができるようになったら、トリガーを別の日常生活があるところに仕掛けます。顔を洗うとか、歯を磨くとか、毎日誰でもすることに仕掛けます。詳しくは医学書ではありませんので書きませんが、もし禁煙で悩んでいるのでしたら、是非当クリニックにいらしてください。私はこのようにして、再生療法を成功するための禁煙治療をしています。

●時代遅れの洗脳された国民皆保険制度

さて、国民皆保険制度について考えてみましょう。

「国民皆保険制度は、素晴らしい」、「こんな素晴らしい制度があるのは日本だけだ！」「イギリスはゆりかごから墓場まで、という国民皆保険制度がある。日本もこれに追いつこう！」「どこに行っても、保険証さえあれば、必ず日本中同じ治療がしてもらえる」「安い負担金で、良質な治療を受けることができる」「保険治療でカバーできないのは、美容外科や審美歯科など、見栄えがよくなるだけの治療だ」

これらは全てアンカーとトリガーです。そして、何が「快」であったかというと、国民皆保険制度での被用者（保険加入者の本人）は、国民皆保険制度が始まって50年近く、一部負担金が0割、つまりタダで治療を受けていたからです。タダで治療を受けられる、ということは、すなわち医療機関側からいえば、領収書を発行しなくて済みます。領収書を発行しない、ということは、脱税してもわからない、どころではありません。領収書を出さない、ということは、そもそも正しい会計処理そのものが国民皆保険制度ではできないのです。

全く同じことが、郵便貯金でもかつてありました。現在は、郵政は民営化され、ゆうちょ銀行となりましたから、他の銀行と同じ財務省—金融庁（旧大蔵省）の監督下となりましたが、それ以前は旧郵政省の管轄下でした。銀行から見れば、国税は旧大蔵省の一部であり、監督官庁としては同一です。なので、脱税の捜査などで必要があれば、税務署は銀行に対して強く出ることが可能でした。

しかし、昔は郵便局は旧郵政省の管轄です。当然、郵便貯金も旧郵政省の管轄となりますから、旧大蔵省とは犬猿の仲でした。郵便局も官庁の一つであるため、いわば税務署とは同格なのです。日本の官庁同士の横のつながりがなく縦割りなこと、また仲も悪いのは有名です。

例えば、税務署から脱税捜査のために、郵便局へ調査依頼を出したところで、所轄官庁が違うわけですから、面倒ですし、そもそも郵便局から見れば預金者の信用を失うわけですから、よほどのことがない限り郵便局が調査協力することはありませんでした。また、郵便貯金の欠点は、預金限度額がかなり低かったことです。１９７２年以前は上限が１００万円でしたが、徐々に限度額が上がったとはいえ、１９７２年に１５０万円、１９７３年には３００万円など（現在は１０００万円）でした。ところが、平成16年より前は本人確認法というものがなく、他人名義や家族名義で貯金をすることが可能でした。良い意味で、「子供の将来のために、親として子供名義で郵便貯金をしておこう」「母の老後のために、内緒で私が郵便貯金をしておこう」などということが、この法律が施行する前はいくらでもあったのです。

そのため、家族親戚中の名前や、ひどい時は「鈴木ポチ」などペットの名前まで使って複数口座を作りまくることが可能で、限度額が低くとも複数口座を持つことでこの欠点は補えたのです。それ故、「脱税したお金を隠すなら郵便貯金」といわれた時期がありました。当時は財政投融資という制度を使い、郵便貯金のお金を特別会計として使い、これを国が預託された形として、地方と都会の経済格差を解消するための社会インフラの整備のために使っていました。

とくに地方の人は、「郵便局に貯金すると橋が架かる」などと、洗脳されていたのです。現在ではゆうちょ銀行も一般銀行も同じなのですが、地方の人ほど、郵便貯金を信用して頼っているのは、こんな洗脳の背景があるからです。

国民皆保険制度の洗脳に話を戻します。多くの人は、「保険でほとんどの治療が行える」と洗脳されています。これは、医者や病院側も同じです。繰り返し述べているように、国民皆保険制度の目的は、感染症と外傷の治療です。糖尿病や癌などの生活習慣病の原因除去療法は、想定の範囲外なのです。しかし、１９６０年代に、本来、社会主義政策である国民皆保険制度を、資本主義自由主義政党である自民党が政策の柱と掲げて選挙に勝ってしまったことが、その後の自民党がバラマキ政党になってしまったのと深く関係があります。本来、バラバラの保険を、農業や自営業の人が入る国民健康保険制度を導入して皆保険制度に統一するためには、相当国民が「快」になるアンカーと、この制度を運用するというトリガーが必要だったのです。

現在、生活習慣病が保険で原因除去療法が困難である糖尿病のように、50年で50倍も患者が増えたのは、国民皆保険制度が「療養の給付」が原則だからなのです。国民皆保険制度の原則中の原則です。

まず、「療養」の定義について説明します。「療養」とは、病気やけがの手当てをすることと、そして体を休めて健康の回復をはかること、です。つまり、あくまで病気やけがになってから給付をしますから、国民皆保険制度では、予防はできませんよ、出産のように病気でないものには、たとえ医療機関で行ったとしても、給付はしませんよ、という意味です。

そしてこの「療養の給付」の「給付」とは、保険証を持って医療機関等にかかった際に、「現物給付を受けること」を示しています。要するに、治療や薬という形で直接してあげますから、お金は保険から出しませんよ、ということです。

当初は、保険は被用者(保険に入っている人、本人)は0割負担でしたから、窓口での会計の煩雑さを解消するために、現物給付で行うシステムを作ったのです。おそらく、今でしたらクレジットカードやスイカなどで簡単に現金の代わりに療養費の支払ができますが、当時はそのクレジットカードすらない1960年代です。ですから、「療養の給付」という形を作ったのでしょう。

本来の「保険」システムであれば、医師や医療機関が必要な治療を行い、その治療費を患者に払ってもらいます。そして、その明細を保険機関に送り、療養費として算定された現金を給付して振り込んでもらい、結果として治療費をもらったことにします。これは、民間の医療保険では100%このシステムですし、生命保険も火災保険や自動車保険でも全てこの形です。生命保険会社が直接葬儀や相続手続きをしたり、火事になったら保険会社が家を新築してくれたり、という現物給付は決してしません。現金が払い込まれるのです。このような「療養の給付」というシステム自体が、極めて異例なのです。ですから、決められた療養ができない治療は、保険では治療できないのです。

高い保険料を国民は払っているのですから、「療養の給付でできない治療はない」ことにして、国民を洗脳しなければなりません。でもそれは簡単でした。なぜならば、昔の病気は、そのほとんどが感染症と外傷だったからです。感染症は抗生物質で治せます。外傷は手術で治せます。抗生物質と手術で治せない病気は、そもそも死んでしまう状態で病院に来ているので、死んでも仕方がなかった、ということだったのです。

例えば、癌です。かつて、癌は死を意味する病気でした。ですから、告知、というのはすなわち、死を宣告することだったのです。昔は、外科手術で癌を取る以外、癌の治療はなかったですから、癌になった臓器を摘出したら死んでしまうような場合は、手がつけられません。当時はＣＴもＭＲＩもＰＥＴ検査もないですから、開けてみての出たとこ勝負です。当然、上手くいかない可能性のほうが高いわけですから、死の病気だったのです。

つまり、昔の医療は、絶対に短期間で治る病気と、絶対に死ぬ病気がほとんどで、らい病や結核や精神病などの、当時の医療技術では治らない慢性の疾患は、「収益事業と看做されない事業」とされ、閉鎖的な環境で治療を行うため、主に医療法人ではなく、社会福祉法人という、原則非課税の団体が行う病院が行っていたのです（現在は、社会福祉法人は高齢者や障害者に対する社会福祉事業が主体となっている）。そして公害（イタイイタイ病や水俣病など）も国民皆保険制度で対応できない、すなわち治らない病気のため、現在まで法廷闘争が続いているのです。

ところが、現在の疾患は、そのほとんどが慢性疾患です。糖尿病などの生活習慣病はもちろん、先日お亡くなりになられた大橋巨泉さんのように、２００５年に人間ドックで胃癌を発見されてから4度の癌を経験して治療を行い、82歳でお亡くなりになりました。実に、11年以上も癌治療を保険で行っていたのです。つい先日（２０１６年7月30日）発表された日本人の男性の平均寿命は80・50歳。大橋巨泉さんは、平均寿命以上に癌と過ごされたわけですから、癌に勝ったともいえます。これだけ長期間の治療を、１９６０年代に作られた国民皆保険制度では想定していなかったのです。

つまり、超長期間、治療を行うと被保険者である国民も毎月の保険料が高くなり、それだけでは保険者である国や支払基金はお金が足りませんから負担率をどんどん上げていくしかありません。実際、昔は窓口負担は0割（今の人は考えられないでしょうが、タダで治療できたのです）でしたが、これが1割負担、2割負担、3割負担、とどんどん負担率を上げていったのです。そこに、超々高齢化によって、有病者である老人が増えたため、これ以上医療で老人の介護ができなくなったので（かつては社会的入院といって、お年寄りに治療する病名をつけて、病人として長期入院させ、介護の代わりにしていました）、医療とは別に、介護保険をつくって、これも国民を被保険者としてさらなる負担を我々国民は払っているのです。

●『発症前診断』と『発症前治療』が切り札

これらの諸問題を解決するにはどうしたらよいのでしょうか。答えは、包括治療です。このように、生活習慣の不良による慢性疾患だらけ、ストレスだらけの社会状況を改善するのは、医療が担うべき分野ではありません。これらは本来、政治と教育が行う分野です。なので、予防医学ですら間に合わないのです。

そのために行うのが、『発症前診断』と『発症前治療』です。発症前診断とは、「この人は将来こういう病気になるリスクがこのくらいある」ということを見積もること、そしてその見積もりによって、「現在は病気ではないのですが、病気にならないように健康な人に対して医学を使って施術をする」ことを、発症前治療といいます。

発症前診断と発症前治療が有効な例で、すでに誰もが行っているものがあります。胃癌の発症前診断と発症前治療である、ピロリ菌検査とその除菌です。かつて、日本人は非常に胃癌の多い国民でした。胃癌も含め、癌は運が悪くてたまたまその人に発生する病気である、とかつては思われていました。

２００５年にノーベル生理医学賞を受賞したDr.バリー・マーシャルは、これまでストレスや辛い食べ物、胃酸の分泌過剰が原因と考えられてきた胃潰瘍の原因がヘリコバクター・ピロリという、細菌感染症であることを発見しました。共同研究者のDr.ロビン・ウォレンとともにヘリコバクター・ピロリの培養を行い、感染により胃潰瘍ができている仮説を立てました。１９８４年に、Dr.マーシャルは仮説を立証するため慢性胃潰瘍の患者から取り出したヘリコバクター・ピロリをシャーレで培養し、なんと自ら飲み込み10日後に胃潰瘍となることで、この仮説を証明したのです。ピロリ菌感染が胃潰瘍を起こし、これが胃癌や十二指腸癌を起こしていたのです。

つまり、ピロリ菌検査という発症前診断によって、もしピロリ菌がいれば、これを抗生物質で除菌するだけで、命をも失う可能性があり、治療費もかかる胃癌の発症を抑止することができるのです。

もう一つ、発症前診断と発症前治療の例を示します。遺伝子を用いた方法です。癌はピロリ菌のように、感染症で発症することもありますが、では癌は糖尿病や高血圧のような生活習慣病でも発生するのかどうなのか、といわれるとほとんどの人が「？」あるいは「ＮＯ」と考えるでしょう。実は、癌は生活習慣とも極めて密接な関係があります。例えば、肥満とブドウ糖の摂取量です。

そもそも、癌細胞は正常の細胞よりもブドウ糖活性（ブドウ糖を取り込んで栄養にする能力）が7倍程度高いことがわかっています。これを応用したのがＰＥＴ検査です。ＰＥＴ検査は、この癌細胞がブドウ糖を取り込む能力を応用し、ブドウ糖に近い成分の検査薬である、ＦＤＧを体内に注射します。ＦＤＧとは、ブドウ糖に目印となるポジトロン核種という陽電子を放出するものを合成した薬剤です。つまり、癌細胞が多いところでＰＥＴカメラで撮影すると、体のどこにＦＤＧが多く集まっているかがわかり、癌が疑われる場所、悪性の度合いなどが推測できるのです。

さて、乳癌ではデンプンやブドウ糖などの過量摂取による肥満によって、発症率が高くなることが知られています。ＢＭＩ（肥満指数）が大きくなると乳癌リスクが高くなり、閉経前では高度肥満群（ＢＭＩ３０以上）の人は、ＢＭＩの標準基準値（23以上25未満）の２．２５倍も乳癌が多かったのです。つまり、糖分の過剰摂取を抑制することが乳癌の発症前治療なのです。

さらに、遺伝子の異常で癌は発生します。その一つにＨＥＲ２があります。ＨＥＲ２とは"human epidermal growth factor receptor type2"の頭字です。人の上皮細胞増殖因子受容体とよく似た構造をもつ遺伝子タンパクで、これを産生する遺伝子をＨＥＲ２遺伝子というのです。

このＨＥＲ２タンパクは、過剰に発現したり活性化したりすることで、細胞の増殖や悪性化に関わります。なかでも、ＨＥＲ２タンパクの過剰な存在は、乳癌の予後因子の一つで、とくにリンパ節に癌が転移している場合でＨＥＲ２が陽性だと、再発の危険性が高くなるといわれています。ですから、そのＨＥＲ２タンパクの過剰発現を調べる検査によって乳癌が発生するかもしれないことを予測できるのです。

また、ハリウッド女優のアンジェリーナ・ジョリーさんが、ＢＲＣＡ１という遺伝子があり、癌を予防するために乳房を切除した、というショッキングなニュースが流れたことがあります。このBRCA1とは"breast cancer susceptibility gene I"のことで、癌抑制遺伝子の一種であり、その変異により遺伝子不安定性を生じ、最終的に乳癌を引き起こします。なぜアンジェリーナが健康な状態にもかかわらず乳房の切除を決断したかというと、彼女の場合、このBRCA1遺伝子に変異が見つかり、その結果、生涯で乳癌が発症するリスクが87％あるとの診断を受けたからなのでした。BRCA1遺伝子検査が乳癌の発症前診断であり、乳房切除が発症前治療なのです。

遺伝性乳癌・卵巣癌症候群は、HBOC（Hereditary Breast and Ovarian Cancer Syndrome）とも呼ばれ、同様に遺伝子変異の人は、そうでない人に比べ、発生の確率は10倍以上も高くなるといわれています。

遺伝子性といわれている癌は、統計にもよりますが5～10％程度といわれますが、一般に、多くの癌は遺伝子性ではありません。むしろ、遺伝子性の癌といえどもやはり生活習慣が影響しているといわざるをえません。

しかし、このように発症前診断と発症前治療を、全て西洋医学で行うと、途方もない金額がかかります。すなわち、遺伝子診断やサイトカイン検査、3次元画像診断どころか、動画を用いた4D（四次元）画像診断などが必要になるからです。何をどう調べたらいいかわかりませんから、キリがないほどの検査をしなければなりません。

●東洋医学は発症前診断を行う医学

一方、東洋医学を行うと、発症前診断はタダ同然で行えます。というより、東洋医学がそもそも発症前診断を行う医学なのです。これを「証を観る」といいます。これは、数千年という期間と、この間に観た数えきれないような症例数（億、兆の単位でも足りないと思います）の積み重ねによって得られた経験に基づく診断で行うのが東洋医学だからです。

熊胆（熊の胆嚢）や、燕の巣など信じられないようなものを食物として漢方薬として使いますよね？　また、鍼治療では、経穴や経絡といった体の機能を掌る道や点を鍼や灸で刺激することで、遠隔の部位の治療をします。

例えば、足の三里というところがあります。これは、膝の外側、お皿の下から指4本分下がった、一番くぼんでいる場所にあります。ここを鍼などで刺激すると、胃腸障害が改善します。例えば、吐き気が止まります。人によっては、1秒もかかりません。なぜ、足に胃腸を改善するところがあるのか……と質問することが、東洋医学では愚問なのです。その発想自体が西洋医学的であり、西洋医学は臓器単位で治療をしますが、東洋医学は、人間単位、その人間を取り巻く自然までを単位としているのです。

一般に、急性症状は西洋医学が、慢性疾患は東洋医学が有利、と思われていますが、これも洗脳です。あえていえば、交通事故や自殺未遂などの外傷や、脳出血などの心臓循環器系の急性疾患など、死に直面するようなものは、西洋医学が圧倒的に有利です。人工心肺や輸血、AEDなどの電気ショックを用いた除細動などは、西洋医学の十八番です。しかし、アレルギーやインフルエンザなどの感染症などでの急性症状、パニックなどの精神の急性症状などは、むしろ鍼や漢方薬を用いた東洋医学の十八番です。

さらに、東洋医学は証をたてて治療します。例えば、虚証と実証という考え方があります。簡単にいえば、虚弱体質なのか、筋骨たくましいタイプなのか、という判断です。東洋医学的な診方として、例えば脈診を行います。手首で脈をとって診断するのですが、現在の医学であれば、心電図と血圧計を使ってとったほうが数値化あるいはビジュアル化できてしかも正確です。さらに、鍼治療を行う時に、鍼に電気を通電して電気鍼麻酔が行えます。一方、西洋医学では、肝臓癌の再発予防に十全大補湯という漢方薬が効果があることが、エビデンスとして統計学的に認められています。つまり、西洋医学と東洋医学を単に組み合わせるのではなく、東洋医学の診断や治療の中に西洋医学を入れたり、西洋医学の診断や治療の中に東洋医学を入れたりすればよいのです。

これは歯科と医科にもいえます。西洋医学の分類は内臓別に行います。例えば、脳外科、耳鼻科、呼吸器科、婦人科、循環器科などです。当然、歯科もそうです。歯科は歯だけではなく、噛み合わせが関与する咀嚼と呼吸と嚥下と発音をみています。

例えば、ストレスが強くて食いしばりをします。すると、顎関節症になり、顎関節のすぐ上にある聴神経を圧迫して難聴になります。あるいは、鼓索神経というところを圧迫するので、味覚障害が出たり、目まいが起こったりします。耳鼻科ではメニエル氏病と診断されることが多いのですが、噛み合わせの治療に、翳風という場所に鍼治療をすると、一瞬で耳鳴りや目まいが治ってしまうことがあります。

つまり、体は全て神経や血管、筋肉で繋がっているので、臓器別の治療は、感染症や外傷の治療では有効に働きますが、生活習慣病やストレスなどの場合、臓器別だけでの対応では不可能なことが多いのです。さらに、国民皆保険制度を使うか、自費治療で行うか、という問題もあります。前に述べたように、国民皆保険制度では、予防はできません。だから、人間ドックは自費なのです。「保険が効かないから、予防をしない」ですんだのは、感染症と外傷の時代です。癌は予防をしたほうが、はるかにコストが安いです。そもそも、死んでしまっては何もできないからです。

どんなに真面目に病院やクリニックを受診しても、保険治療では予防ができません。頼んでもしてくれませんし、そもそものような算定基準がないからです。なので、高血圧症になっても、降圧剤は出してくれますが（療養の給付）、これ以上悪化しないための治療（なぜ、動脈硬化が進行しているか、そうならないための生活習慣指導）はしてくれません。せいぜい、「食事に気をつけてください」とか「軽い運動をしてください」というくらいです。

動脈硬化を起こしている理由は、食事であったり、歯周病のような感染症が原因であったり（歯周病菌が血管内に入り込んで、粥状の組織になります）、会社の人間関係のストレスが原因であったりします。例えば、食事指導用紙に記入してもらい、食品の種類の指導、食事のレシピの指導、調理の仕方の指導、食べる順番や食べ方の指導、どんな運動が良いのか、記録用紙で管理、入浴方法とその温度の管理、などはしてくれません。もししてくれたとしたら、親切ではありますが、療養の給付の違反の可能性があるからです。

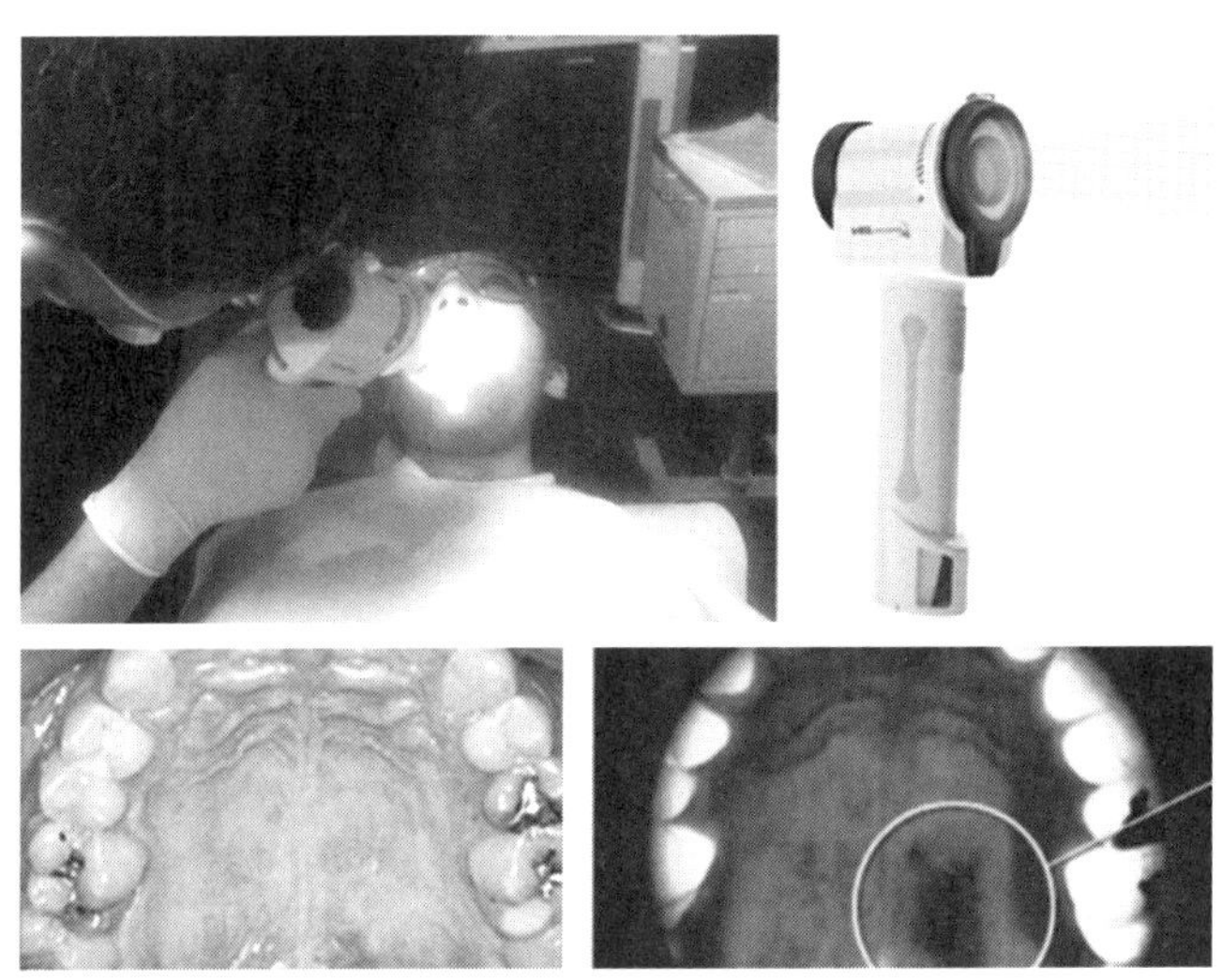

このように、口腔内蛍光観察装置 VELscope®Vx（ベルスコープ）という機器を用いて口の中を見ることで、視診や触診では発見し難い異常などがないか確認可能です。詳細は、お口の健診株式会社（http://www.oralcancer.jp/）へ。

また、歯科と医科の壁の問題もあります。口腔癌は唯一日本で増加し、発症したあとにその治療によって美醜がかなり悪化しますので、癌に罹患した時に、最も自殺の多い癌です。口腔癌をどの診療科で扱うか、論争になったことすらあります。縦割り医療の弊害です。口腔外科（歯科）なのか、耳鼻咽喉科（医科）なのか、頭頸部外科（医科）なのか、顎顔面外科(医科)なのか、といった問題です。

しかも、口腔癌の予防は、国民皆

保険制度ではできませんから、癌にならなければ治療してもらえません。では、口腔癌の早期発見と早期治療、あるいは予防はどうしたらよいのでしょう？

実は、口腔癌の早期発見にはベルスコープという、ある波長のＬＥＤを使う非常に簡単で痛みも麻酔も入院もしなくてよい方法があります。この光をあてるだけで、口腔癌の部位が黒く見えるのです。この部位の細胞を取って、細胞診をすれば、ピロリ菌の検査と除菌のように、予防と治療すらできてしまうのです。

このように、ベルスコープをあてると、肉眼ではわからなくても、癌の部位が黒く見えて早期発見が容易にできます。これは、口腔癌だけでなく、舌癌や口唇癌などにも応用できるのです。

このようにして、東洋医学と西洋医学、歯科と医科も含蓄した考えを包括治療といいます。この包括治療には、発症前診断と発症前治療が含まれていますので、「生活習慣病である慢性疾患を発症させない治療」であるのです。

（文／吉野敏明）

06 各国の医療と介護システムと日本のシステムの違いと問題

●ドイツ、フランス、アメリカ、スウェーデン、イギリスの場合

「各国の」と表題しましたがここでは主にドイツとフランスとアメリカとスウェーデンと少しイギリスを取りあげます。

ドイツは日本と似ていますが、公的保険制度を選択しない道があり、民間（プライベート）保険を選択できます。ドイツは事実上の国民皆保険です。フランスも日本と似ています。原則国民皆保険です。混合診療を認める点で日本とは決定的に違います。

アメリカは民間保険が中心ですが、貧困層の無保険問題を解決すべく、メディケア、メディケイドなどの高齢者、低所得者、障害者向けの公的保険を展開し、近年、無保険者の比率が10％程度（以前は17％近かった）になってきたといわれています。

日本もドイツもフランスもアメリカも社会保険方式（税ではない）をとっています。一方で福祉大国といわれるスウェーデンは税方式で医療機関は公営です。公営といっても広域自治体が医療を実施しています。

日本では医療機関は自由に開業できますが、国によっては自由に開業できない国があります。また保険診療は日本では出来高払い（Fee for service）ですが、諸外国では包括払い（Bundled payment）をとっていて病気によって総額が決まっているケースも多いです。包括払いは入院からその後の外来までの診療コストを見積もって予算化するものです。フランスなどは出来高払いと包括払いが混在しています。

イギリスなどは登録医として家庭医が決まっていて、まずは登録医の診察を受けないとより専門の診察は受けられません。ゲートキーパー機能といわれます。しかし、選択の自由を重視するフランスでは負担は増えますが、かかりつけ医を飛び越えて医療機関を選択できます。

●医療保証は社会保険か税制か

日本、ドイツ、フランス、アメリカは社会保険制度をとっています。スウェーデンとイギリスは税によって医療保障を実施しています。アメリカを除けばどの国も全国民が医療保障制度の対象になっています。

国民皆保険は日本だけのものと考えている人も多いかもしれませんが、事実は違います。ヨーロッパは大半の国が国民皆保険です。日本との大きな違いは、民間の自由診療の医療施設も多く、裕福な人はその民間の医療施設を保険外で利用するということです。

日本も以前は保険外（自費診療）の医療施設も多かったのですが、医療保険制度が充実するに従って、保険外で受診する方は少なくなりました。医院の側も保険診療をやらないと、患者が増えないので、保険診療中心になっていきました。

アメリカは徹底した自助の国ですから、公的社会保険の適用が原則ではなく、いろいろな理由で民間の医療保険に入れない人だけが対象になります。大半のアメリカ国民は民間の医療保険に加入しています。近年の大改革で加入率が激的に上昇し、無保険者は10％程度になっています。以前は17％以上の無保険者がいましたから劇的な改善です。

ドイツなどは一定の所得以上の人は社会保険としての医療保険に入れず、民間の医療保険などに入ることになっています。スウェーデンなどは税率が高い代わりに社会保障制度が整っていて、医療制度も理想的であるという理解があると思います。しかし、事実はスウェーデンも高齢化と医療費の膨張に苦しんでいる国です。

イギリスやスウェーデンは、病院の予約を取るのに時間がかかり、風邪など軽い病気で、医師に診てもらうには大変な時間がかかるといわれています。スウェーデンは自己負担がありますが、年間1万円程度の自己負担の上限があり、上限を超えると保証が適用されます。イギリスは診療に自己負担がありません。両国とも薬剤は原則自己負担ですが上限があったり、高齢者、低所得者、妊婦等には免除があったりします。

ドイツは2013年に自己負担を撤廃していますが、フランスは日本と同じ30％が原則です。アメリカも自己負担があります。アメリカ的なやり方のほうが、医療は発達します。競争原理が働くからです。技術の高い医師はたくさん稼げて、そうでもない医師は稼げないという当たり前の構図になります。一方でお金持ちは高度な熟練の医療が受けられ、貧困層は高度な医療が受けられないという問題が起きます。

ヨーロッパで医療は平等であるべきという考え方が強く、アメリカ的なやり方にはなりません。日本もヨーロッパに近い考え方です。しかし、どうでしょうか、風邪や食べ過ぎや二日酔いなどでせっせと医者に通うのはどう考えても医療費の無駄遣いです。ベテランの医師も低い保険点数でたくさん患者を診なければ稼げませんから、せっせと診療します。もちろん、軽い風邪のように思っても重篤な病気も隠れている可能性がありますから、簡単には結論は出せませんが、かなりの無駄な診療と薬剤投与が行われているのは事実だと思います。

ところでみなさんは、日本では難病にはかなり充実した保証制度を国や地方自治体が持っているのはご存知でしょうか。難病に指定されていれば実際に治療費はほとんどかかりません。次のページの一覧表を見てください、実に３０６もの疾病が難病に指定されています。難病指定の範囲に多少自治体により差はありますが、大変に充実した制度だと思います。東京都は３０６よりも多く指定しています。筆者はこれらの病気は当然に医療保障の対象になるべきだと考えます。また、難病の医療費は保険ではなく、税金で賄われていることも抑えておきましょう。

いずれにしろ、放っておけば治る軽いものに保険が適用され、たくさんの薬剤が投与されることには抵抗を感じます。製薬会社の都合に加担している医療制度という気がしてなりません。

さて、社会保険か税金かということを考えてみたいのですが、本当に平等にやるのであれば社会保険ではなく、税金で保証すべきだと思います。ただ、現実を見てみると税制で医療保障をしている国のほうが、病院の予約が取りにくい傾向にあるようです。原因は一つではないと思いますが、社会保険で医療保障をこなすほうが、少しは

病　　名	※告示の番号
あ	
IgA 腎症	66
亜急性硬化性全脳炎	24
悪性関節リウマチ	46
アジソン病	83
アイカルディ症候群	135
アイザックス症候群	119
IgG4 関連疾患	300
アッシャー症候群	303
アトピー性脊髄炎	116
アペール症候群	182
アラジール症候群	297
有馬症候群	177
α１－アンチトリプシン欠乏症	231
アルポート症候群	218
アレキサンダー病	131
アンジェルマン症候群	201
アントレー・ビクスラー症候群	184
い	
イソ吉草酸血症	247
一次性ネフローゼ症候群	222
一次性膜性増殖性糸球体腎炎	223
1p36 欠失症候群	197
遺伝性ジストニア	120
遺伝性周期性四肢麻痺	115
遺伝性膵炎	298
遺伝性鉄芽球性貧血	286
う	
ウルリッヒ病	29
ウィーバー症候群	175
ウィリアムズ症候群	179
ウィルソン病	171
ウエスト症候群	145
ウェルナー症候群	191
ウォルフラム症候群	233
え	
HTLV-1 関連脊髄症	26
遠位型ミオパチー	30
ATR-X 症候群	180
エーラス・ダンロス症候群	168
エプスタイン症候群	287
エプスタイン病	217
エマヌエル症候群	204

病　　名	※告示の番号
お	
黄色靱帯骨化症	68
黄斑ジストロフィー	301
大田原症候群	146
オクシピタル・ホーン症候群	170
オスラー病	227
か	
潰瘍性大腸炎	97
下垂体性 ADH 分泌異常症	72
下垂体性ゴナドトロピン分泌亢進症	76
下垂体性成長ホルモン分泌亢進症	77
下垂体性 TSH 分泌亢進症	73
下垂体性 PRL 分泌亢進症	74
下垂体前葉機能低下症	78
家族性高コレステロール血症（ホモ接合体）	79
カーニー複合	232
海馬硬化を伴う内側側頭葉てんかん	141
家族性地中海熱	266
家族性良性慢性天疱瘡	161
化膿性無菌性関節炎・壊疽性膿皮症・アクネ症候群	269
歌舞伎症候群	187
ガラクトース-1-リン酸ウリジルトランスフェラーゼ欠損症	258
肝型糖原病	257
間質性膀胱炎（ハンナ型）	226
環状 20 番染色体症候群	150
完全大血管転位症	209
眼皮膚白皮症	164
き	
球脊髄性筋萎縮症	1
巨細胞性動脈炎	41
巨大膀胱短小結腸腸管蠕動不全症	100
筋萎縮性側索硬化症	2
偽性副甲状腺機能低下症	236
ギャロウェイ・モワト症候群	219
急速進行性糸球体腎炎	220
強直性脊椎炎	271
巨大静脈奇形（頚部口腔咽頭びまん性病変）	279
巨大動静脈奇形（頚部顔面又は四肢病変）	280
巨大リンパ管奇形（頚部顔面病変）	278
筋型糖原病	256
筋ジストロフィー	113
く	
クッシング病	75

医療費助成対象疾病（指定難病）一覧の一部（厚労省ウェブサイトより）

効率化インセンティブが働くのかもしれません。

日本の健康保険制度は当初、工場労働者の健康を保つための企業保険だけでした。社会主義革命を防止する目的もあったかもしれません。その後企業健保は事務職にも広げられ、企業ごとに健康保険組合を作れない業種は業種別の組合健保が創設されました。また、中小企業のために政府管掌の健康保険（現在では協会けんぽ）も作られ、最終的には地方自治体管掌で国民健康保険が創設され加入は任意でしたが、全ての国民が健康保険に入れるようになりました。

国民健康保険法の施行は１９３８年です。戦争で加入率は下がりましたが、１９５８年に新しい国民健康保険法が施行され全ての市町村に国民健康保険の機能が実現しました。おそらくこの時が国民皆保険制度の実現だと思います。

企業健保組合や業種別の組合健保があり、協会けんぽがあり、自治体の数だけ国保があることが、不効率に繋がるという意見もありますが、税金により国が直接管理するよりも、組合や自治体ごとに管理されているほうが最終的には効率化インセンティブは働くかもしれません。社会保険制度の本質は税金と変わりませんが、各組合がそれぞれ医療費削減の努力をすることは可能ですし、実際にしています。日本はもしかすると世界に類を見ない素晴らしい制度になっている可能性もあります。

しかし、国民皆保険があるべき医療の姿を歪めていることも事実です。筆者はたくさんの医療機関の経営を指導してきましたが、保険診療をやっている医療機関は一般の経営感覚とかけ離れていますし、経営らしいことをしなくても保険制度の中で楽に稼げる仕組みになっていたことも事実です。

やはり、ある所得以上の国民は自由診療を積極的に選択し、保険に頼ることなく受診する空気を醸成することが必要に思います。医療費により国家財政が破綻する前に実現したいものです。

●薬剤の自己負担率について

日本では薬剤も診療と同一の一律30%の自己負担です。ドイツでは薬剤は10%の負担ですが、上限があります。フランスは抗癌剤などの高度な医薬品は0%、胃薬等は35%、有用性の低い薬剤は60%、ビタミン剤などは100%の自己負担となっています。スウェーデンは全額自己負担ですが年間2万円程度の上限があります。アメリカは保険の加入の仕方で違ってきます。

薬漬け医療の問題点が指摘されるようになって、すでに何十年も経っていますが、今でも大量の薬剤が処方され、飲まずに放置されているケースが多いのではないでしょうか。現に筆者の自宅には途中で飲まなくなった大量の薬が在庫されています。

西洋薬は基本的に症状を取るだけのものが多く、なるべくなら飲み続けないほうが良いという理解の元で飲まなくなるのですが、みなさんはいかがでしょうか。フランスのようなやり方は合理的に見えます。日本ではビタミン剤にも保険が適用されますが、どう考えても違和感があります。

●出来高払いと包括払い

徹底した出来高払いで診療報酬を稼ぐ日本と包括払いなどを併用する欧米の違いについて述べます。

日本では、検査でも診療でも処方でもとにかく細かく点数が決まっていて、何かをすればするほど点数が増え稼げるようになっています。これを出来高払いといいます。行政は医療費を削減するために、点数を減らしていきますから、医師のほうは一生懸命点数を稼ぐために件数を増やし、項目数を増やします。どうしたら件数や項目数を増やせるかが経営にかかわってきますから、どうしても無駄な治療が重なりやすくなります。これはどうしようもないことです。

日本の医師は診察にかける時間が短いといわれます。よく患者さんの話を聴いて、時間をかけて診断するというのが正しいと思いますが、日本の制度では時間をかけると、稼げなくなってしまう仕組みなので背に腹は変えられず、じっくりと患者さんの話を聴くということが難しくなってしまうのです。

一方ヨーロッパなどで実施されている包括払いとはどんなものでしょうか。診断をすれば病名が付けられますが、病名ごとに患者をグループ化しコストを算出し予算総額を決定する仕組みです。イギリスのように医療費が無料のところは原則この方式になります。細かく治療の手順が決められていてそれに従うという仕組みです。積み上げ（出来高）ではないので、無駄な治療をしなくなります。逆に、必要な治療や投薬を省略してしまう可能性が出てきますが、診断さえ正しく必要な治療を省略することがなければこの包括払いは良い方法だと思います。

包括払いの問題点は複合的な病気の場合に露呈します。合併症でいろいろなことが起こっている時に総予算が決まってしまうのは、医師としては難しいことに取り組むことになります。結果として赤字になってしまうことになります。

包括払いが徹底しているイギリスでは、医師が適切と思う数しか手術をしないので、緊急の場合を除いて何か月も待たされるという現象が起こっているそうです。これも包括払いの問題点です。

ちょっと発展途上国のことに触れます。通常発展途上国では予算払い、あるいは包括払いの公立の病院と出来高払いの民間病院が併存します。医師によっては、自分の時間を切り分けて両方で働いたりします。一般人は公立病院で一律の治療を受け、ゆとりのある人は最初から民間の病院に行くことになります。所得格差の大きい国では自然な流れだと思います。

日本でも筆者が子供の頃は、保険診療をやっていない医院は名医だといわれていました。そのような医院を選んで通ったことがあります。しかし、いつの間にか日本はほとんど全ての医院が保険診療中心になってしまいました。

●かかりつけ医と総合診療医

イギリスはまず登録医の診察を受けなければ、専門医を受診できない仕組みになっています。『総合診療医』（General Practitioner，GP）としての専門研修を受けた医師がいる診療所が個人個人の登録と診療所として登録され、緊急性がない限り、個人はこの登録医の診察を受けなければ、総合病院の専門医の診察は受けられません。総合診療医（ＧＰ）の制度はドイツでもフランスでもありますが、イギリスが圧倒的に厳格に適用されています。

フランスはかかりつけ医を通さない場合は自己負担が増えますが、小児科、精神科、産婦人科、眼科、歯科についてはかかりつけ医を通さなくても負担の増額はありません。ドイツもかかりつけ医の紹介状がなければ10ユーロの負担金がありますが、受診は自由です。しかし、国民の9割が家庭医を持っており、事実上の『ゲートキーパー』として機能しています。ゲートキーパーについては次で説明します。

日本の場合は、厚生労働省はかかりつけ医を持つことを推奨しており、大病院の中には紹介状がないと受診できないところも多くなってきています。しかし、総合診療医の制度はまだ確立しておらず２０１７年に制度がスタートすることになっています。総合診療医の認定は２０２０年以降となるようです。

ＧＰにはゲートキーパーとしての役割とプライマリーケアの専門家としての機能が期待されます。ゲートキーパーとプライマリーケアは同義に使われることもありますが、ここでは使い分けます。

ゲートキーパーとは患者が闇雲に総合病院を受診し、間違った専門医にアプローチしないようにする役割のことをいいます。日本は２００９年にＯＥＣＤ（経財協力開発機構）からゲートキーパーのシステムがないことについて改善するよう勧告を受けています。

プライマリーケアとはアメリカ科学アカデミーの医学部門による１９９６年の定義では「患者の抱える問題の大部分に対処でき、かつ継続的なパートナーシップを築き、家族及び地域という枠組みの中で責任を持って診療する臨床医によって提供される、総合性と受診のしやすさを特徴とするヘルスケアサービスである」とされています。

筆者はプライマリーケアを、総合診療医が、個人の病歴や家族の病歴、最近の疾病、治療歴、投薬歴、手術歴、アレルギーなど様々な情報を元に、内科医、救急医学、精神医学、漢方、歯科などの知見を総合的に投入して、患者の特定の臓器や疾患に着目するのではなく、全体的な健康問題に取り組むことを指すと考えています。プライマリーケアは深刻な疾病の早期発見、健康教育、予防医療などの役割も担い、とくに高齢者の健康寿命の増進には大きく貢献すると思います。

総合診療医の制度が日本でも定着することが最終的には健康寿命を伸ばし、医療費も抑制することに繋がると考えます。

●介護について

介護は日本では伝統的な家長制度の元、在宅で家族の責任でこなすか、社会的入院といわれる、病院で寝たきりになるかでした。しかし、高齢化が進み医療費は嵩み続けました。病院で事実上の介護となると、医療費は青天井になります。そのため、政府は様々な対策を打ってきました。その流れが次のページの表です。

今では介護保険で予算を決めて、その方の要介護度に応じて対応することになり、

年 代	高齢化率	主な政策
1960年代 高齢者福祉政策の始まり	5.7% (1960)	1963年 老人福祉法制定 ◆特別養護老人ホーム創設 ◆老人家庭奉仕員(ホームヘルパー)法制化
1970年代 老人医療費の増大	7.1% (1970)	1972年 有吉佐和子著『恍惚の人』ベストセラー 1973年 老人医療費無料化(福祉元年)
1980年代 社会的入院や寝たきり老人の社会的問題化	9.1% (1980)	1982年 老人保健法の制定(老人医療費の一定額負担の導入等) 1983年 老人保健制度の実施 1989年 ゴールドプラン(高齢者保健福祉推進十か年戦略)の策定 ◆施設緊急整備と在宅福祉の推進 1990年 老人福祉法等の福祉 8 法の改正(市町村中心のシステム等)
1990年代 ゴールドプランの推進	12.0% (1990)	1994年 新ゴールドプラン(新・高齢者保健福祉推進十か年戦略)策定 ◆在宅介護の充実 新しい介護システムの検討開始
介護保険制度の導入準備	14.5% (1995)	1996年 連立与党 3 党政策合意。介護保険制度創設に関する「与党合意事項」。介護保険法案国会提出 1997年 介護保険法成立 1999年 ゴールドプラン21策定
2000年代 ゴールドプランの推進	17.3% (2000)	2000年 介護保険施行 2005年 介護保険法の一部改正 2008年 介護保険法の一部改正 2009年 介護報酬初のプラス改定

高齢者介護政策の流れ（厚労省ウェブサイトより）

少なくとも青天井ではありません。介護保険は医療と違い混合介護を認めていますので、バリアフリー工事補助、在宅介護、お弁当、デイケア、ショートステイなどいろいろ介護メニューを組み合わせることができます。

日本では自立の支援を中心としますが、在宅では難しい場合、特別養護老人ホームなどが選択されます。特別養護老人ホームは費用が嵩みますので、自治体は増やし続けることには積極的ではないことも事実です。結果として長期の入所待ちが発生します。
ある程度高齢になると当然に誰かの援助が必要になります。家族以外の援助には費用がかかりますので、要介護度に応じて補助される予算が決定されます。家族も自分たちがこなせる時間や労力や能力には限界がありますので、いろいろなサービスを利用することになります。

家をバリアフリーにする(補助金が出る)、出掛けてしまうので老人用にお弁当を頼む、老人一人では厳しい場合はヘルパーを頼む、時々日帰りで施設に通う、ショートステイで何日か泊まってくる。筆者の周りの例でみると家族がいる場合はこのような感じの介護が進んでいきます。

一人暮らしの場合でも基本的には似たような感じですが、役所が決めた要介護度に応じて予算が決められ、ケアマネージャーが予算と本人や家族の懐具合を勘案しながら必要な組み合わせをプランニングしていきます。私の周辺は幸いにして健康な老人が多いので、日本の今のシステムは家族がケアする場合でも一人暮らしでもかなり快適に機能しているように思えます。

老人が何かの急性期の疾病で入院した時、回復すれば当然退院ですが、回復の見込みのない場合でも退院です。このあとどうするかが問題ですが、終末ケア型の病院に行くか、特別養護老人ホームに行くか、あるいは有料老人ホームに行くかなどが選択肢としてありますが、有料老人ホームは入所時には健康であることが前提になりますし、特別養護老人ホームは入所できるまでに時間がかかります。終末ケア型の病院は選択肢としてはありますが、完全に寝たきりになります。

特別養護老人ホームに入所中に急性期の疾患になり、急遽入院を必要とする場合があります。この場合はいったんホームを出て、退院したら戻ることになりますが、家族としては本当に入院させるかどうか悩むところです。なぜならばもし入院が長期になれば寝たきりになるリスクが高くなるからです。

手術も選択するかどうか悩みます。手術のリスクもさることながら、手術後のＱＯＬ（クオリティー・オブ・ライフ）の低下も心配だからです。入院せず手術もせず。

QOLを大切にして静かに残りの人生を過ごしてほしいと願う方は多いと思います。

次のページに日本とドイツの違いを載せました。日本は戦前、家長制度をとっており、家長を中心としたシステムでしたから、行政が介入することなく家族の中で問題を解決する流れが自然のように考えがちですが、現在の日本のシステム自立を支援することを目的とします。一人暮らしの老人が多いことも事実ですが、自立を支援することは家族にとってもよいことです。

ドイツは家族を支援することを目的に制度が作られています。また、子供に対する親の扶養義務も明確に決められています。筆者は自分の経験から日本のシステムの自立支援の考え方には賛同できます。地域の病院とケア施設と役所と老人ホームなどが連携し上手く機能していけば、常に複数の選択肢がある中で対応できます。よく海外のシステムは素晴らしいと聞きますが、両方を体験した人たちに話を聞くと、やはり日本が良いなと思う場面は多いです。

ただ、最近は介護疲れ殺人などが社会問題化しています。制度はあるのですが、複

	日本	ドイツ
目的	自立の支援	家族介護の支援
制度の設計	サービスの拡充で拡大に対応して保険料の引き上げ	保険料率を固定し、その範囲で給付
対象者	40～65歳未満の特定疾病も対象だが、65歳以上が97％	全年齢だが66歳以上が全体の79％
65以上における認定者の割合	17％	11％
給付月額、在宅サービス間、在宅現金	50,030～360,650円 —	63,158～211,579円 32,532～ 97,895円
給付月額、特別養護老人ホーム、ナーシングホーム	179,800～267,530円	142,105～211,579円

日本とドイツの介護保険の相違（『医療・介護問題を読み解く』池上直己・参照）

雑すぎて使いこなせないという問題が起きているように思います。健康寿命をなるべく伸ばし、自立がどのくらい続けられるかが重要ですが、自立できなくなった時、自助努力だけではできないところにタイミングよく介護システムの助けが得られるように普段から地域の専門家とコミュニケーションをとることが重要だと思います。

また普段から自助努力でできる準備はしておくべきで、それが本書での大きなテーマでもあります。

●自費診療と混合診療と包括治療

日本では歯科の根管治療（歯の神経の管の治療）に使える時間が短すぎて、クオリティに問題があるといわれています（日本人歯科医師の器用さでなんとかしていますが）。ドイツなどでは根管治療はそもそも保険外ですから、歯医者は十分に時間をかけて治療します。保険でのカバー率が低い分、ドイツの歯医者は経営が成り立たないところも多く、多くの歯科医師がタクシードライバーをやっているなんて話も聞きます。

しかし、ドイツで経営が成り立っている歯医者では根管治療に正しい時間をかけて取り組んでいますから、クオリティは満足するものであることが期待されます。日本では保険の対象になっているのは良いのですが、点数が低すぎて（前歯ではたった130円。1時間かけて治療したら、なんと自給130円です）、長い時間がかけられません。良心的に正しい時間で治療する歯医者は保険の場合赤字になり、経営が成り立たず、結果として閉院するはめになります。

欧米では公費の補助で治療をすると、予約を取るのに何か月も待たされることがあります。イギリスが最もひどいと聞きます。長ければ半年から1年待ちます。その頃には病気が治っていたりします。一方で民間の病院で自費診療を選択すれば、すぐに高度な医療が受けられます。

日本では一般人もお金持ちも保険治療が当たり前だと思っています。しかし、ある程度所得のある人まで公費負担で医療を続ければ高齢化に従って、財政が破綻することは明らかです。3章で書いたように実に税収に迫る医療費となっています。

混合診療が認められないのも日本の特徴です。一説によると混合診療を認めると不正請求が増えるといいます。確かに、そのような面はあるでしょう。しかし、大半の医療に関わるものは制度設計さえきちんとされていれば、メリハリはつけるはずです。

保険でできるところは保険で、できないところは自費で同時にやれれば、医療全体の効率化にも繋がります。現在では同じ日に自費と保険の混合診療は認められていません。

ところで、日本には漢方ですとか整体ですとか鍼灸ですとか日本独自に発達した医療技術があります。これらを医療と呼ぶことに抵抗する人たちもいると思いますが、西洋的な医療が主に外科的な処置と症状を取り除く対処療法に過ぎないのに比べれば、漢方や整体や鍼灸は根本的な治癒に繋がっていくものが多いように思います。

これらに精神医療が繋がればさらに大きな成果が期待できます。本来精神科医はじっくりと話を聞いて、時間をかけて解きほぐし、深層心理の中にある何かを見つけてそれを受け入れることで、患者さんが精神的に苦痛を感じていることを取り除くのが仕事です。河合隼雄先生はこのことを、患者のｄｏｉｎｇ(行動)を分析するのではなく、ｂｅｉｎｇ(存在そのもの)を医師が受け入れて、そこから初めて有効な診療が始まるとどこかで書いていました。

しかし、日本の精神科の現実は保険診療のために、患者さんに長い時間向き合うことはなく、保険で決められた向精神薬などの薬を出してそれでおしまいです。筆者は精神科の病院経営に関わっていましたが、薬を出すことばかりで治療らしいことが行われているようには思えませんでした。個人的には精神科や心療内科は保険診療に馴染まないと思います。

西洋的な医療や歯科に漢方や整体や鍼灸や正しい心療治療が加わること（包括治療）で、プライマリーケアが必要となるもっと前の段階で、健康が維持できるのではないかと思います。また骨格と歯科領域が密接に関係あることを筆者は身近に経験しています。長年原因不明だった疾患が顎関節を触るだけで治った例もたくさん見てきました。

医療費の全体を下げることは医療関係者の生活を苦しくすることになります。しかし、医療費は下げなければ必ず財政は破綻します。包括治療により健康寿命を伸ばし、病気にならない環境を作ることで破綻は避けられます。

（文／田中肇）

07

あるべき老後と現在の老後の乖離の原因
―海外の老後と日本の老後の現状と考え方の違い―

●心理学者も想定していなかった65歳以上の心理の発達

さて、これまで、介護と医療システム、その歴史と問題点から、どのようにして人生の終末を幸せに迎えるか、という話をしてきました。これはつまり、自分が自分の人生をどう生きるか、という価値観ということです。つまり、人生観です。今度は、この点から終活を考えてみましょう。

人は、誰でも生まれようとして生まれてくるわけではありません。いつの間にか生まれて、自分では選べない土地や両親がすでにいるところに存在し、そして周りの環境によって育まれて言葉や文化を身に付けます。反抗期を迎えて汚い言葉やウソをつくようになります。そしてまた素直に戻り、10代後半で思春期を迎え、性の意識を持つようになります。そして、恋愛をして伴侶を迎え、結婚して新しい家庭を作ります。生まれも育ちも異なり、それぞれの価値観の異なる男女が新しい価値観を生み、また子供が生まれます……。そして、老後になり、死んでいきます……。

これが本当でしょうか？　この考え方を持っているとすれば、人生の終末において、大変な苦労をすることになります。それが、我々包括安心サポートサービスが訴えている、正しい医療に基づく終活だからです。

芥川龍之介の『河童』の中に、こんな文章があります。

（河童の）父親は電話でもかけるように、母親の生殖器に口をつけ「お前はこの世界へ生れて来るかどうか、よく考えた上で返事をしろ」（中略、河童のおなかの中の赤ちゃんは）「僕は生れたくはありません。第一僕のお父さんの遺伝は精神病だけでも大へんです。その上僕は河童的存在を悪いと信じていますから」

芥川流の人間や生、そして精神疾患に対する痛烈な批判を河童を通じてしているとも取れる文章ですが、この小説のように、人間は河童のようには生まれながらにして価値観を持ってはいません。

それはあたかも買ってきたばかりのノートパソコンと同じ。生まれた時（パソコンを買ってきた時）はＯＳ以外はインストールされていない状態ですから、パソコンを使う人が違えば、そのパソコンも人それぞれ違う性格になっています。いろんなソフトをインストールして、だんだんとそのパソコンは成長します。何度かフリーズなどをして、入れてはいけないソフトを駆除したりします。そして、それぞれ違うプリンターやネットワークに繋がります。これが、友人知人と人脈と同じです。

そして、ハードディスクがいっぱいになってくるそのパソコンの寿命が近くなると、なんでもかんでも保存はできなくなりますから、パソコンの使用に制限をかけて、これはＷｅｂ用、これは動画編集用、などと用途を限定していきます。これが、人生終末にかけていく、その人の生き様です。そして徐々に動作が遅くなり、エラーも発生します。そして、万が一故障すると大変ですから、バックアップをします。故障の修理が医療であり、バックアップがサポートサービスである弊社のようなビジネスです。

みなさんにわかりやすいようにパソコンを例にとりましたが、発達心理学の概念で示すと、「アイデンティティ」の概念を提唱した精神分析家のエリク・ホーンブルガー・エリクソンの「エリクソンの心理社会的発達理論」があります（次の見開きの表）。

これを見ると、母親の内臓として存在していた妊娠期間を終え、出産して出てきた赤ちゃんは、希望をもって生まれてきます。目も見えませんし、喋ることもできませんし、歩くこともできない、完全に無力の状態で生まれてきます。

この頃は、赤ちゃんは、自分と母親の区別があまりついていません。なぜならば、ついさっきまで母親の内臓の一部だったからです。お腹がすけばおっぱいをもらえ、ウンチをすればおむつを替えてもらえ、眠くなれば寝させてもらえる、まさに希望通りに全てが叶うのです。この希望の時期に、希望が叶えられなかったり、虐待を受けたりした赤ちゃんは、生涯、信頼というものを信じられない人間になってしまいます。

絶対にそんなことはしてはいけません。

そして、目が見え、歩けるようになって、少し言葉を覚えてコミュニケーションができるようになります。すると、どうも私は母親の一部ではない、どうも別の人間のようだ、という感覚が芽生えます。ウンチを漏らしたりすることを恥じることを覚えます。そして、母親と違う人間であるかどうか、試したくなるので、反抗を試みるわけです。これが第一次反抗期です。この時期、幼児は本当に私は母親と別の人間なんだろうか？　本当にそれでいいんだろうか？　という命題にぶち当たります。

以下、表のように人間は発達することによって、生きるための命題（エリクソンは『対立する課題』と言っています）が変化し、40～64歳である成年期には、仕事・家族・自分とのバランスに悩みます。経営者であれば、事業（仕事）が上手く経営できなければ、従業員とその家族の生活を守れませんので、経営（仕事）を一番とした考えになりますし、その従業員であれば、家庭を維持するためのものが仕事ですから、家庭が一番大事になります。家庭のためなら、仕事も変えますし、辞めることもしま

主な関係性	存在しうる質問	例
母親	世界を信じることはできるか?	授乳
両親	私は私でよいのか?	トイレトレーニング、更衣の自律
家族	動き、移動し、行為を行ってよいか?	探検、道具の使用、芸術表現
地域、学校	人々とものの存在する世界で自己成就できるか?	学校、スポーツ
仲間、ロールモデル	私は誰か? 誰でいられるか?	社会的関係
友だち、パートナー	愛することができるか?	恋愛関係
家族、同僚	私は自分の人生をあてにできるか?	仕事、親の立場
人類	私は私でいてよかったたか?	人生の反響

年齢	時期	導かれる要素	心理的課題
0〜2 歳	乳児期	希望	基本的信頼 vs. 不信
2〜4 歳	幼児前期	意思	自律性 vs. 恥、疑惑
4〜5 歳	幼児後期	目的	積極性 vs. 罪悪感
5〜12 歳	児童期	有能感	勤勉性 vs. 劣等感
13〜19 歳	青年期	忠誠心	同一性 vs. 同一性の拡散
20〜39 歳	初期成年期	愛	親密性 vs. 孤独
40〜64 歳	成年期	世話	生殖 vs. 自己吸収
65歳 -	成熟期	賢さ	自己統合 vs. 絶望

エリクソンの心理社会的発達理論

す。そして、専業主婦のような家庭の中にいる人は、その家庭から逃れることのできる自分の場所や時間を作ろうとします。

そして、65歳からの成熟期です。この時期は、「これまで私が選択して生きてきたことが、本当に正しいのであろうか、いや正しい。それを証明したい！」という自己統合が命題になります。自己統合ができない人は、ズバリ絶望してしまいます。定年後に、自叙伝を書いたり、家系図を書いたり、自分の歴史を残したりするのがこの時期です。

さて、エリクソンも65歳程度までしか、心理の発達を想定していませんでした。エリクソンのいた時代の１９５０年代はここで終わりでも大丈夫でした。しかし、今は90代まで生きるという長寿人生のリスクを考える時代です。

人間は歳を取ると体力は衰えますが、知力だけは鍛えていれば、一生成長します。そのような超々高齢社会である日本において、いったい、70代、80代、90代では何を考えていけばいいのでしょうか？

●エリクソンの心理社会的発達理論＋マズローの欲求段階説

孔子は論語のなかで、こんなことを言っています。

子曰く、
吾れ十有五にして学に志ざす。
三十にして立つ。
四十にして惑わず。
五十にして天命を知る。
六十にして耳従う。
七十にして心の欲する所に従って、矩(のり)を踰(こ)えず。

（訳）
私は十五歳で（学問の道に入ろうと）決めた。

三十歳で（学問に対する自分なりの基礎）を確立した。
四十歳で戸惑うことがなくなった。
五十歳で天命を悟った。
六十で何を聞いても動じなくなった。
七十になってからは、心のおもむくままに行動しても、道理に違うことがなくなった。

私の師匠である、飯島国好先生は、こんな解釈をして私に教えてくださいました。
「吉野君、君は25歳で歯科大学を出たのだから、歯科医療を全うしなければならない。そのためには、30歳からは歯科医療での道を究めるために、自分のために、命懸けでどんなことでも勉強しなさい。自分のために、です。そして。40歳になったら、迷うことなく人のため（患者さんとその家族の命と健康を守るため）に働きなさい。すると、50歳になった時は、自分がなんのため生まれてきたのかを悟るから、それを一生懸命しなさい。そうすれば、60歳になった時、全ての自分のしたいことが、全ての人のためになること、世の中のためになることになる世界になる。その時は、したいことだけをしていれば、どんどん世の中が良くなることに気が付くんだよ。そうすれば、70代からの人生は、自分のしたいことにおもむいていれば、ただそれだけでよいのだよ、吉野君！」

今でも、師匠である飯島先生が言った言葉を覚えています。まさに、孔子が論語で言った通りです。飯島先生は、こうもおっしゃいました。

「だから、大事なのは30代でどれだけ勉強をしたかなんだよ。この時期にさぼっていると、この予定通りにはならない。どんなことをしても、30代はがむしゃらに勉強をするんだよ！」

この飯島先生の言葉は、私が大学2年生で心理学の授業で学んだエリクソンの心理社会的発達理論、そして25歳頃から好きで読んでいた論語を、完全にわかりやすく融合して説いてくれたものだと思いました。

しかし、孔子の解釈も70歳で終わりです。80歳と90歳はどうしたら良いのでしょう？

自動的に仙人になるのでしょうか？　いや、そうは思いません。私が理事長を務めていた精神科病院には、80代、90代、そして100歳に近い人もいました。精神科病院に来ているのですから、発達心理学的には、どちらかといえば上手くいかなかった人たちです。

私はいろいろと考え、このエリクソンの心理社会的発達理論に、マズローの欲求段階説を加えてみることにしたのです。マズローの欲求段階説とは、マズローが提唱した人間の5つの基本的欲求を低次から並べたもので、次のような順番となります。

【第一段階】生理的欲求

食事・睡眠・排泄・性欲など、生命維持・種族維持のための本能的欲求。

【第二段階】安全の欲求

雨風がしのげる住処、事故や災害から逃れられる、自己安全欲求。

【第三段階】社会的欲求／所属と愛の欲求

社会や組織への所属欲求、人間関係の欲求。これがないと鬱状態になる。

【第四段階】承認（尊重）の欲求

褒めてもらう、認めてもらう欲求。地位、名誉、学歴など。これがないと、劣等感や無力感を覚える。

【第五段階】自己実現の欲求

自分の持つ可能性を発揮したい、という自己実現欲求。

この5段階を全て満たされると、人間は以下の15のような自己実現者になるといわれています。

①現実をより有効に知覚し、より快適

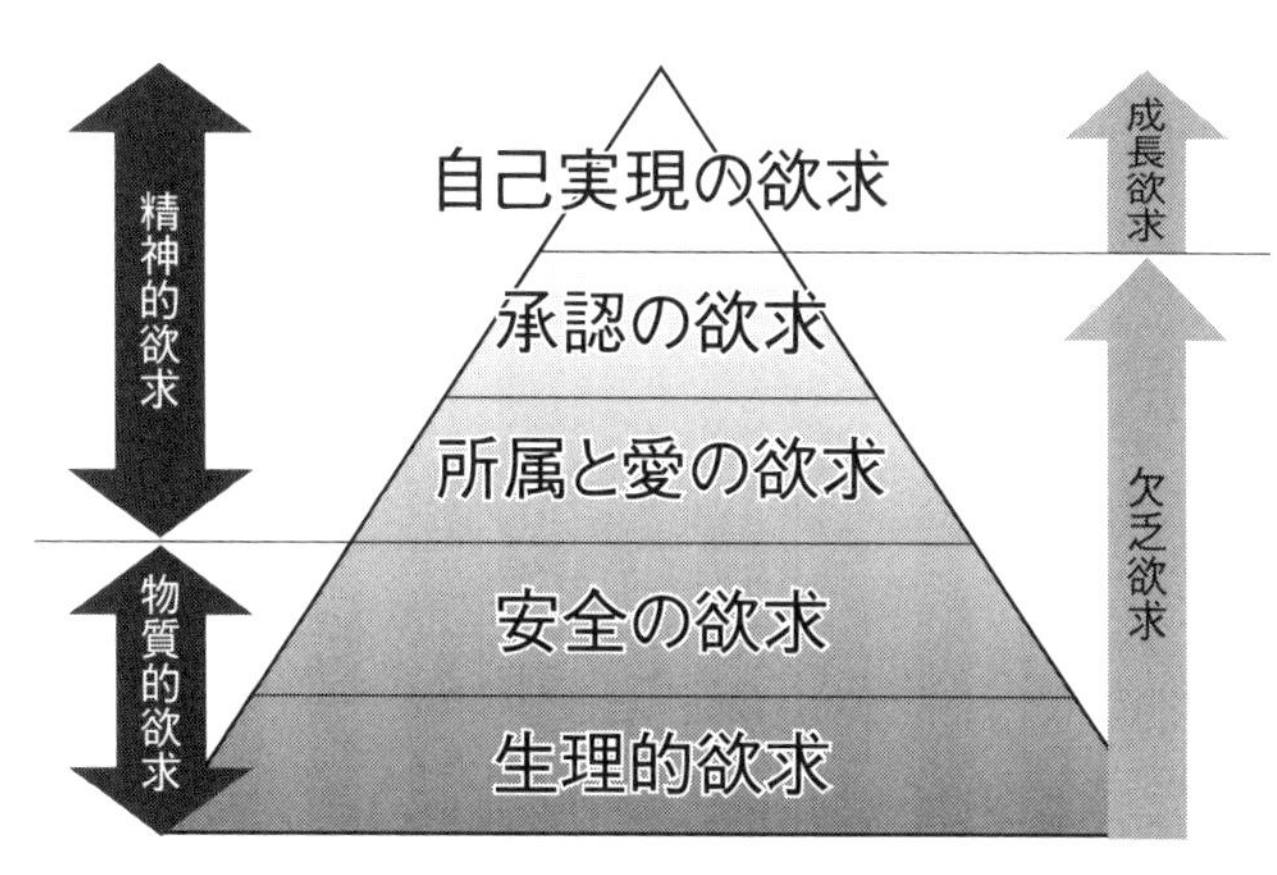

マズローの欲求段階説

な関係を保つ

②自己、他者、自然に対する受容

③自発性、素朴さ、自然さ

④課題中心的

⑤プライバシーの欲求からの超越

⑥文化と環境からの独立、能動的人間、自律性

⑦認識が絶えず新鮮である

⑧至高なものに触れる神秘的体験がある

⑨共同社会感情

⑩対人関係において心が広くて深い

⑪民主主義的な性格構造

⑫手段と目的、善悪の判断の区別

⑬哲学的で悪意のないユーモアセンス

⑭創造性
⑮文化に組み込まれることに対する抵抗、文化の超越

つまり、70歳以上に限らず、まずは今あるその人が、どの欲求段階にあるかを見ること、そしてもし第5段階をも終了しているのであれば、自己実現者が持つ15のプロパティーをいくつ実現しているかで、その人の精神的なレベルとまだ達成しなければならない目標の答えがあるのではないか、と私は考えたのです。

逆に、この物質的に豊かで安全で水と食料がどこにでもあり、識字率が99.8%もあり、大学進学率が55.6%、大卒者の就職率96.7%もあるこの日本の状態では、第一段階から第四段階までは、生まれながらにしてすでに備えているのです、とくに若い人は。

生まれた時から、水洗便所でウォシュレットがあり、スマホがあって、個室の自分の部屋があり、大学に行くのは当たり前で、一人っ子で常にかわいがられて（愛と承認を受けている）、お金がなくても一人っ子であれば、2人の両親の年金をあてに50

代までニートでも生きていける……。とすれば、いきなり自己実現がしたい！というのが今の若い人の欲求なのです。

これは、非常に危険な状態です。マズローも、第一段階から順番に欲求が叶えられなければ、下の段階の欲求が叶えられない時に、欠乏に対する耐性ができなくなる（ストレス耐性が弱い）、と強く警告しています。これが、豊かな国のほうがストレスフルになって、うつ病や睡眠障害などの精神疾患が増えている大きな原因の一つなのです。

つまり、この日本という状況では、いきなり承認されて自己実現しないと、それがストレスになってしまうのです。かつては、食べたいために上京して仕事につき、家族を食わすために一生懸命働き、弟に学歴をつけるために長男が学費のために中卒で働く……などがありました。そのために、承認欲求や自己実現欲求などなかったのです。

現在は、いきなり承認されないために事件や事故が起こります。高学歴な大卒や医師がテロリストになったのがオウム真理教事件。実社会で高学歴であっても認められない人を上手く勧誘しました。２０１６年7月に起きた、ダッカのイスラム国によるテロも高学歴な者が犯人です。かつて、テロは貧困からの脱出のために行われていましたが、現在は自己実現ができない、社会的に恵まれた人がたくさんいます。このようなストレスは、国民皆保険制度では治療できないのです。

●理想的な人生のレールとは

一方、80代90代の人の心理社会的発達を考えると、このマズローの欲求のさらに上の欲求があるかもしれないことが予測されます。この領域を『自己超越欲求』といって、識者はトランス・パーソナル心理学で説明しようとしました。トランス・パーソナル心理学の成立は、このマズローとチェコスロバキアの精神科医スタニスラフ・グロフという人との出会いによって起こったのです。

グロフは、当初スイスのアルベルト・ホフマンが開発した幻覚剤であるLSDを使って意識の研究を行っていました。LSDは統合失調症に近い体験およびその後の至福観が得られるので、統合失調症の患者の治療に研究されていました。このLSDを使うことで、心理的退行が起こり、出生の記憶を思い出したり、出生を再体験したり、たいへん美しい天国とでもいえる風景を見ました。これを『至高体験』といいます。この状態を『変性意識状態』といい、極めて集中や能力を発揮する状態なのです。これを悪用してオウム真理教が洗脳に使っていたのは5章で述べたとおりです。

現在は、薬物を使わなくとも、瞑想、呼吸法やヨガなどを用いて相当の訓練を行うと、この状態になれることがわかっています。つまり、生きているだけでも至福の感覚が得られるようになるのが、最期の段階の心の成長ではないかと思うのです。

これが、人間が生まれてから死ぬまでの理想的な人生のレールです。もし、脱線しそうになったら、このレールに戻すのです。

人生は鉄道と同じで、目的地なしに進むことはできません。それは、第1章で述べた目標設定の話に戻るのです。

人生の究極の目標は幸せになることです。1章で示した幸せの6つの基準である、①家庭、②職業と経済、③社会と文化面、④精神と倫理面、⑤教育と倫理面、そして

⑥心身の健康を満たしながら、年を取るにつれて、エリクソンが示した心理変化をしながら一生をかけて人は成長し、そして100歳を迎える頃には、生きているだけで、至福の感覚が得られるように、神様は我々人間の人生の設計図を書いてくれているのです。

この章の冒頭に私はこんなことを書きました。

人は、誰でも生まれようとして生まれてくるわけではありません。いつの間にか生まれて、自分では選べない土地や両親がすでにいるところに存在し、そして周りの環境によって育まれて言葉や文化を身に付けます。反抗期を迎えて汚い言葉やウソをつくようになります。そしてまた素直に戻り、10代後半で思春期を迎え、性の意識を持つようになります。そして、恋愛をして伴侶を迎え、結婚して新しい家庭を作ります。生まれも育ちも異なり、それぞれの価値観の異なる男女が新しい価値観を生み、また子供が生まれます……。そして、老後になり、死んでいきます……。

これでは、老後が不幸になってしまいます。

人は、誰も生まれようとして生まれたわけではありません。死ぬために生まれたのでもありません。人が生まれてきた理由は、ズバリ、『成長するため』なのです。一生をかけて心の成長をするのです。

そのためには、まず心身が健康でなければなりません。現代の心身の健康の喪失は、生活習慣病と、マズローの欲求段階で示した現代病ともいえるストレス耐性のなさが原因だったのです。

貧しい国にはうつ病がありません。なので、自殺もありません。だから、貧しいかもしれませんが、心が豊かなのです。

これだけ豊かな国を貧困に戻すことはできませんが、ストレスをなくすためには、生命の維持や住処の安全性といった、根源的な欲求を得たいと思う環境に時々自分をさらす必要があるのです。

●うつ病の存在しない国

さて、ここまでは日本の老後の心の話を説明してきましたが、では他の国ではいったいどんな状況なのでしょうか？

まず、私の友人で、アフリカのベナン共和国の日本特命大使ゾマホンさんとのお話を書きます。ベナン共和国はアフリカ大陸の西海岸中部にあり、ナイジェリアとガーナに挟まれた、細長い国です。人口は１０００万人弱で、綿花の輸出が外貨獲得のメインとなっている国です。鉱物資源や石油などの燃料資源もなく、重工業もないために経済的には豊かではありませんが、人々は本当に明るく楽しそうに暮らしています。

２０１６年5月に、ベナン共和国の新生児死亡率が高いことから、私が医師として何か手伝えないかということで、ベナンの国立病院や私立の大きな病院、そして地方の村などを視察しました。このご縁は、株式会社ネクストの井上高志社長からいただきました。井上社長は、北野武さんらと日本語学校を作ったり、小学校を作ったり、また井戸なども作り、ベナン共和国の教育と文化、そして健康に非常に大きな貢献をしています。私も病院経営の経験や海外の健康食品会社との共同研究などがありますので、何かベナン共和国に医療を通じて貢献したいと思い、今回視察に至ったのです。

そこで驚いたのは、国立病院にあったのは、産科と小児科、外傷外科だけなのです。もっと簡単にいえば、内科がないのです（内科の患者がいない）。日本では、内科は医者の中の医者と呼ばれるくらい、ステイタスの高い診療科です。糖尿病、高血圧症、高脂血症、癌、アレルギー、自己免疫疾患、心療内科疾患など、全て内科系の治療です。日本では一番患者が多いのです。

ところが、先ほどのマズローの欲求段階説でいう、第一と第二段階の欲求が多い状態では、飢餓が起こることがあっても、過栄養状態にはなりませんし、精神的ストレスがないので内科疾患が起こらないのです。

ベナンでは新生児死亡率が高く、3歳児になるまで7～8割の子供が亡くなるそうです。多くは感染症で、マラリアなど蚊が媒介する感染や寄生虫によるものだそうです。一方で、精神科は当然ありません。そもそも、ベナンにはうつ病がないそうです。自殺も全くない、とのことです。平均寿命は50歳くらいです。

さて、日本とベナンでは、どちらが幸せを感じる人が多いのでしょう？　私はベナンに約1週間滞在しました。エアコンがない、そのまえに電気がない、水道もない、シャワーがない、お湯が出ない。でも、とても幸せな1週間でした。このままあと1か月いたら、そのまま住んでしまいそうでした。

さて、ロシア人ドクターとの興味深い会話があります。我々のクリニックには、韓国人ドクター、中国人ドクター、台湾人ドクターなどが見学に来るのですが、昨年はロシア人ドクターが8名見学に来ました。みな、優秀な臨床家です。見学したロシア人ドクターにこんなことを聞かれました。

「日本は平均寿命が長いんだって聞いたよ。何歳なんだい？」

「男性は78歳くらい、女性は83歳くらいです」

「え～～！！（一同）、そんなに長生きしてどうするのさ？」

「いや、長生きしたくて長生きしているのではなく、そういう医療制度と福祉制度なんですよ。ロシアの平均寿命は？」

「65歳くらいだよ（実際は、男性の平均寿命は64歳）。みんなウォッカ飲んで、肝硬変で死んじゃうのさ。でも、みんな幸せだよ！　苦しまないで、介護なんかしないし、認知症にもならないで死んでるよ！」

「日本は、健康寿命と平均寿命が10年くらい離れているので、最後は家族が大変なんですよ。」

「なんて不幸な国だ、日本は。日本に乾杯！！」

……こんな会話でした。

最後に福祉国家北欧の国、スウェーデンです。スウェーデンは、高福祉高負担の国。国が全部面倒をみてくれる……。そんなイメージでした。しかし、サブプライムローン問題や、リーマンショックやギリシャ危機などで、年金の運用（投資信託をしているので、株価が下落すると年金の基金が目減りする）が非常に悪くなり、問題が起きているのです。福祉の良いところばかりが、北欧でいわれています。しかし、昔はスウェーデンも大家族制の国だったのです。武田龍夫『福祉国家の闘い』(中公新書)の一節では、100歳の老人に「一生の変化のなかで、一番大きなものはなんでしたか?」と若者が尋ねたところ、「それはね、家族の崩壊だよ」と。

日本に限らず、どこの国でも、歴史上、老人の介護は家族でしてきました。男女平等によって、女性たちが外で働くようになり、福祉国家では、家の中の仕事は全て「公的機関」が引き受けています。乳幼児の世話をする託児所、学校での無料給食、老人の面倒をみる老人ホームなどです。

このことによって、たしかに所得の平坦化、男女平等ができたのですが、大変な社会的コストがかかることが判明したのです。そのためには、高額の税金を必要とします。したがって、経済成長がなければ福祉が維持できなくなりますから、経済成長政策が必須となります。人口も増えなければなりません。しかし、高福祉高負担をして女性が社会進出すればするほど、出生率も減り、人口も減ってしまうという負のスパイラルになるのです。くわえて、経済の国際化により、どこかの国でサブプライムローンなどの問題が起こると、突然年金の運用が悪くなったりしてしまうのです。国際金融の自由化によって常に金融危機のリスクが起こる可能性があるのです。

フランスでは、女性の働く権利が尊重された結果、非嫡出子のほうが多くなり、子供の親が離婚している、あるいは片親であるほうが普通になってしまいました。

どこの国にも問題があります。そして文化もあります。人間の心理の発達を無視して、形だけ男女平等、医療の無料化、手厚い福祉や介護などの物質的制度的充実を図れば図るほど、ストレスが多く、人間の関わりが失われた社会になります。

ここはもう一度原点に立ち返り、「安全で安心で文化的に暮らす」ことを人生の目標にするのではなく、「心の成長が人生の目標である」ことを再認識することで、もっと幸せな人生の終末を目標設定したいものです。

（文／吉野敏明）

08

人生の終末までに考えておくこと

●エンディングノートには何を書くべきか

さて、これまでに、主に医療と福祉、制度とその歴史、日本のマクロ経済とその財務内容、生きていく人の心理的側面など、広く高い視点から、終活について述べてきましたが、今度は一個人の生活、という視点から終活を見ていきましょう。

人間の人生は様々です。何も考えないで生きてしまうと、あっという間に死の直前になります。「泥棒を捕らえて縄を綯（な）う」ようにならないためには、エンディングノートを作成しておきましょう。エンディングノートは、ご自身の意思のコントロール不能時や死亡した場合に、意思や希望を伝えるためのツールです。そして家族が困らないようにしておくツールにもなります。それには、ご自分の人生の最終章をイメージして書いてみることです。

家族の病気、友人の死、会社を退職する、人間ドックの受診、家を引っ越す、ペットの死……。これらのことがきっかけで書き始めたという人が多いのですが、今夜事故や災害に遭うという突発的なことが起きるかもしれません。明日、いや今、何が起きたとしても、ご自分の意思を伝えられるノートを準備しておきましょう。

エンディングノートは、伝えて実行してもらうツールとなります。ノートを作成する前にまず自分のこと、自分の周りのこと（人、物、お金など）全ての整理をします。

エンディングノート記入前に整理する項目は、以下のように分類してみます。

（1）自分のことの情報全て
（2）家族、親戚の全リストである、家系図を作成する
（3）友人・知人などの人間関係
（4）仕事、取引先などの人間関係

(5) 会社、取引先などの企業の関係
(6) 財産リスト
(7) 保険リスト
(8) 医療・介護についての希望
(9) 終末医療についての希望
(10) 葬儀・お墓の希望
(11) 自分が生きてきた理由、そして人生の目的、自分が亡くなったあとの周囲の人の幸せについて
(12) 現時点での問題点の列記と、その対策
(13) 幸せの6つの点において、(12)をどのように行うか
(14) 遺言書の作成

これらの情報と文書の作成は、一度作ったらお終いではありません。日々、状況の変化と心の成長で、この情報は変わります。ですから、最初から最終形で作るつもり

ではいけません。自分の子供を育てるように、経営者の方でしたら会社を育てたように、このエンディングノートも育てながら何度もブラッシュアップして作り上げていきます。むしろ、最終形はないと思ってください。

また、ご自分の本当に望む形にするために整理していくので、どんな些細なことも包み隠さず書かなければなりません。愛人や隠し子はもちろんのこと、隠してある資産や借金、経営者の方であれば簿外債務など、とにかく全ての良い情報も悪い情報も書き出します。むしろ、悪い情報を書くほうが大切である、と念じてください。

人間関係もそうです。この人とはこんなトラブルがあった、この人にはこんな迷惑をかけてしまった、など負の関係と、この人だけには感謝の気持ちを伝えたい、この人は行方不明であるが、もし自分が亡くなった後にでも見つかったらお礼を伝えたい、などの情報も書いていきましょう。このような情報は、書くことが大事です。できれば、手書きで行い、書き出すことで思考が鮮明化します。そして、何度も見つめなおして、どんどん書き換え・書き直し、整理をしてみましょう。

整理をした結果、遺された人に悲しみや苦しみを負わせると思う事柄は、事前に対策をしておきます。よくある事例が、死後、恨みつらみが書かれた日記やメモが出てきた。写真やグッズが出てきた。最近はこれらもデータ化されているので、ものとしてではなく、スマートフォンやパソコンのデータで残っていることが多くなりました。生前はパスワードで管理され自分だけが見ることができるものとして安心していても、死後はパスワードを解除後に遺族が見ることになります。見せたくないものや遺された家族が一生苦しみを引きずるようなことを遺さないように、準備をしておくことも必要になります。

もちろん、自分一人ではできないこともありますから、弊社のようなサポートビジネスの会社に依頼して、指導をもらいながらノートの作成あるいは実行の代行をするのが良いと思います。

（1）自分のことの情報全て

①の氏名は漢字も戸籍謄本に書いてあるのは、本当は○という字であるが、本来は

○という字を代々□□家では使っていた、など、あなたが亡くなってからではわからなくなってしまう情報は全て書きましょう。例としては、「吉野」なのか、「吉野」なのか、なぜその字を使ったのか、などです。また、②の生年月日もエピソードがあるはずです。本当は○月○日が出生なのですが、事情があって本当はその1か月前が本当の出生日などということはよくあります。その理由や経緯なども、物語のようにして全て書いてみましょう。以下、③〜⑮も全てそうです。なぜそこに住むにいたったか、どうしてそこが本籍であるのか、などどんなことでもよいので、できるだけ書いてみましょう。とくに、病気の欄は大切です。阪神大震災などの時は、持病の薬がなく、薬剤名がわからないので手配が困難であった、ということや、入れ歯を忘れてきたので、食糧があっても食べることができない、などの事態が起こりました。歯科の情報は、食べる・飲みこむ・呼吸する・会話するなど、緊急事態ほど重要になります。また、保険証の番号の記載だけでなく、コピーして貼り付けておくのもよいでしょう。

①氏名

②生年月日
③住所、世帯主
④本籍、筆頭者指名
⑤健康保険証の種類・番号・記号、その写し
⑥年金手帳番号の番号・記号・受け取り金融機関名とその情報、その写し
⑦後期高齢者医療保険証の番号・記号、その写し
⑧介護保険証の番号
⑨現在、掛かっている病気。医科だけでなく、歯科も書く。
⑩これまでの既往歴（かかった病気の全てと、その治療歴）
⑪かかりつけの病院と医師の名前
⑫持っている薬の種類（写真を撮って貼っておくとよいでしょう）
⑬臓器提供に関する情報・延命治療について
　健康保険証に、臓器提供の意思を記載している、いない

ドナー（臓器提供者意思）カードを持っている、持っていない
臓器提供をしたい／したくない　その理由
○○の臓器なら、渡してもよい／○○の臓器以外は、渡したくない　その理由
下記の延命治療の希望有無
・胃ろう、経鼻チューブの栄養補給
・心臓マッサージ
・人工呼吸器の装着
⑭クレジットカード情報
⑮各種会員情報

（2）家系図の作製

下（子、孫、ひ孫など）は生きている人全て、上は3親等以上、できれば何百年遡ってでもよいので、父系と母系家族の由来を調べて家系図を作ってください。もちろん、非嫡出の子供や、嫡出子と非嫡出子がよくわからない人、推定される愛人など、可能

性があることは全て記載しましょう。亡くなってからその方が財産を要求したり、実は負債があるなどということが出てくる可能性があります。どんな些細な情報でも、情報がなければ対策がとれません。整理の段階では誰も見ませんから、全て記載しましょう。

(3) 友人・知人などの人間関係

これも、(2)と同様に書き上げていきます。家族と違い、関係が複雑になりますから、まずは思いつくままに書いてみます。次に、これを時系列(昔から現在にいたるまで)に書きなおしてみます。最後に、これを図式化します。

図にすることで、明視化できますので、万一ご本人が亡くなっても、人間関係の把握が第三者にも直感でわかりやすくなります。そして、この図のなかに連絡先も記入しましょう。

(4) 仕事、取引先などの人間関係

仕事であれば、必ず組織図があります。もし、あなたが経営者で組織図がないので

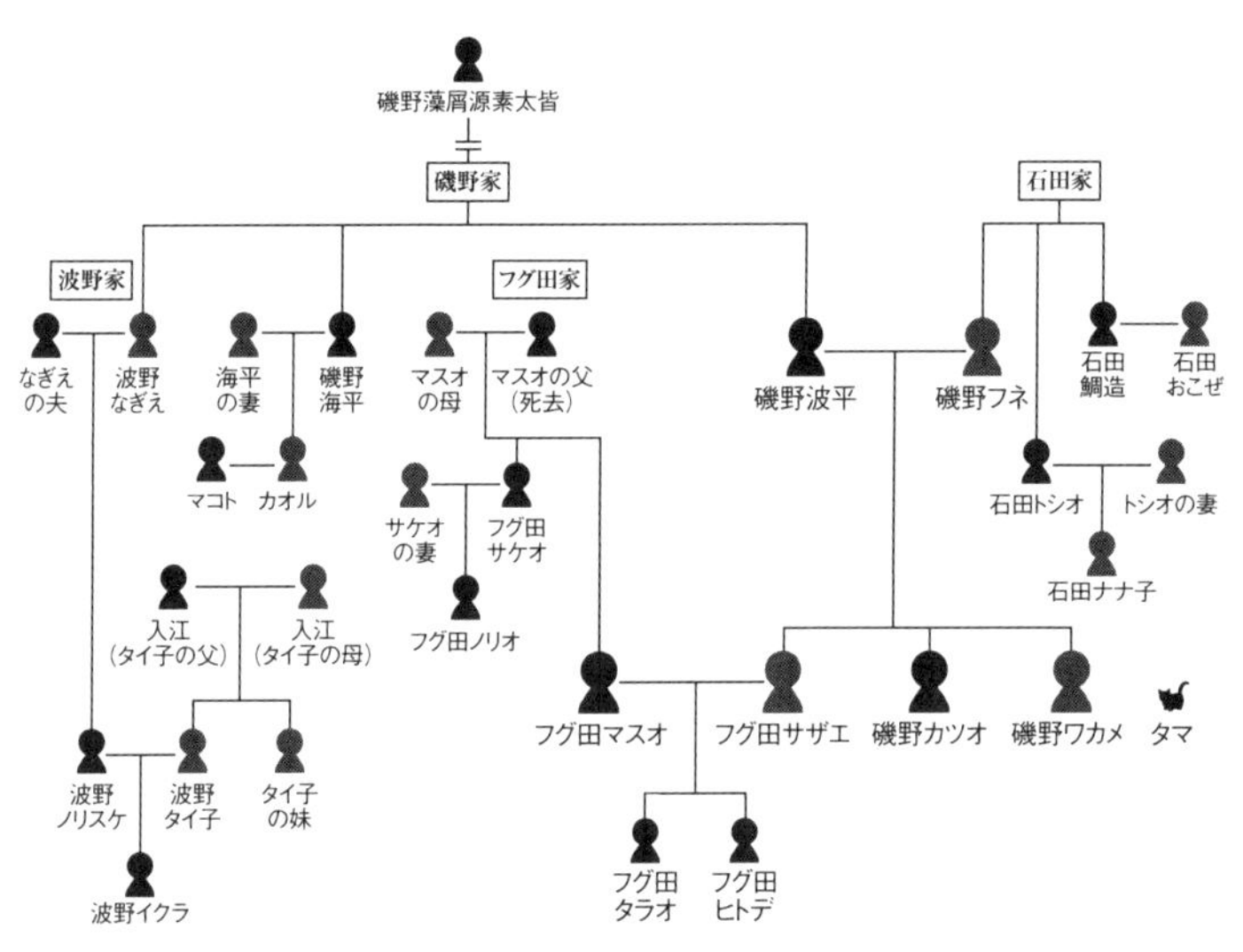

「サザエさん」登場人物相関図

あれば、今すぐ作成してください。組織図を作ることが、会社の運営をすること、経営をすることに他ならないからです。同様に、取引先の人間関係も（3）にならって、作成しましょう。

（5）会社、取引先などの企業の関係

これも（3）（4）と同様です。また、会社の沿革などもこの際に詳しく調べておきましょう。写真や元従業員のエピソードなどがあるとなおよいです。

また、会社の近隣の公的な組織（区役所、小学校、病院）などは、地域との関わりの資料のなかで、昔の写真、とくにその地域の航空写真などを記録していることがあります。是非、この際に調べてみましょう。

(6) 財産リスト

①不動産(土地・建物)住所、保管場所、共有部分、抵当権、担保、またこれらが記載してある登記簿など、できるだけ詳しく調べましょう。また、共有している根拠や担保になっている理由など、あとから調べることが困難なものに関しては、思い出したことなどでもよいので、どんな些細なことでも記載しましょう。

②預貯金(銀行、郵便局、ネット銀行、海外の銀行など)とその口座番号、銀行印、名義人など。平成15年1月6日より「金融機関等による顧客等の本人確認等に関する法律(本人確認法)」が施行される前の眠っているような銀行口座は、第5章で説明した通り、孫や親のためと思って、その人の名義で作成されている銀行や郵便貯金の口座が存在することがあります。実際に貯金をしたのは、あなたであったとしても、名義が他人であれば、その預金はあなたのものには現行法ではなりません。

是非、生きているうちに、良かれと思ったことが仇にならないように整理しておきましょう。とくにネットバンクは、通帳も存在しないので記載しておかないと、預金があることさえわからず、相続人の誰も知られずいずれ国庫に入る預金になります。

③株式…名義、株数（口数）、名義人、証券会社と支店名、担当者など。

④有価証券…社債、投資信託、私募債、貸金など。

⑤その他…会社経営者では、自分・他人分も含めて簿外債務などの不透明なお金やその流れもクリアにしておく必要があります。

⑥特許権、著作権などの知的所有権の所在とその管理、担当者（弁護士、税理士、弁理士など）

（7）保険リスト

図のように、保険の全てのリストを作成しましょう。長期間、保険に入っていても、現在では保険会社が合併吸収したりして会社名まで変わっていることがありますので、一番新しい情報を確認することが大切です。また、会社だけではなく、担当者名も調べておきましょう。入院給付金などは、病気によっては入院した本人が請求できないこともあります。また認知症になった場合など本人に代わって入院給付金の請求をする「指定代理人請求」をあらかじめ決めておきましょう。保険の証書もコピーをして、どのような契約内容であるか、すぐわかるようにしておきましょう。

また、ここには個人の保険（生命保険、傷病保険など）だけですが、火災保険、自動車保険、団体や法人でかけている保険、子供にかけている学資保険など、とくにすでに保険料の支払いが終わっている保険で

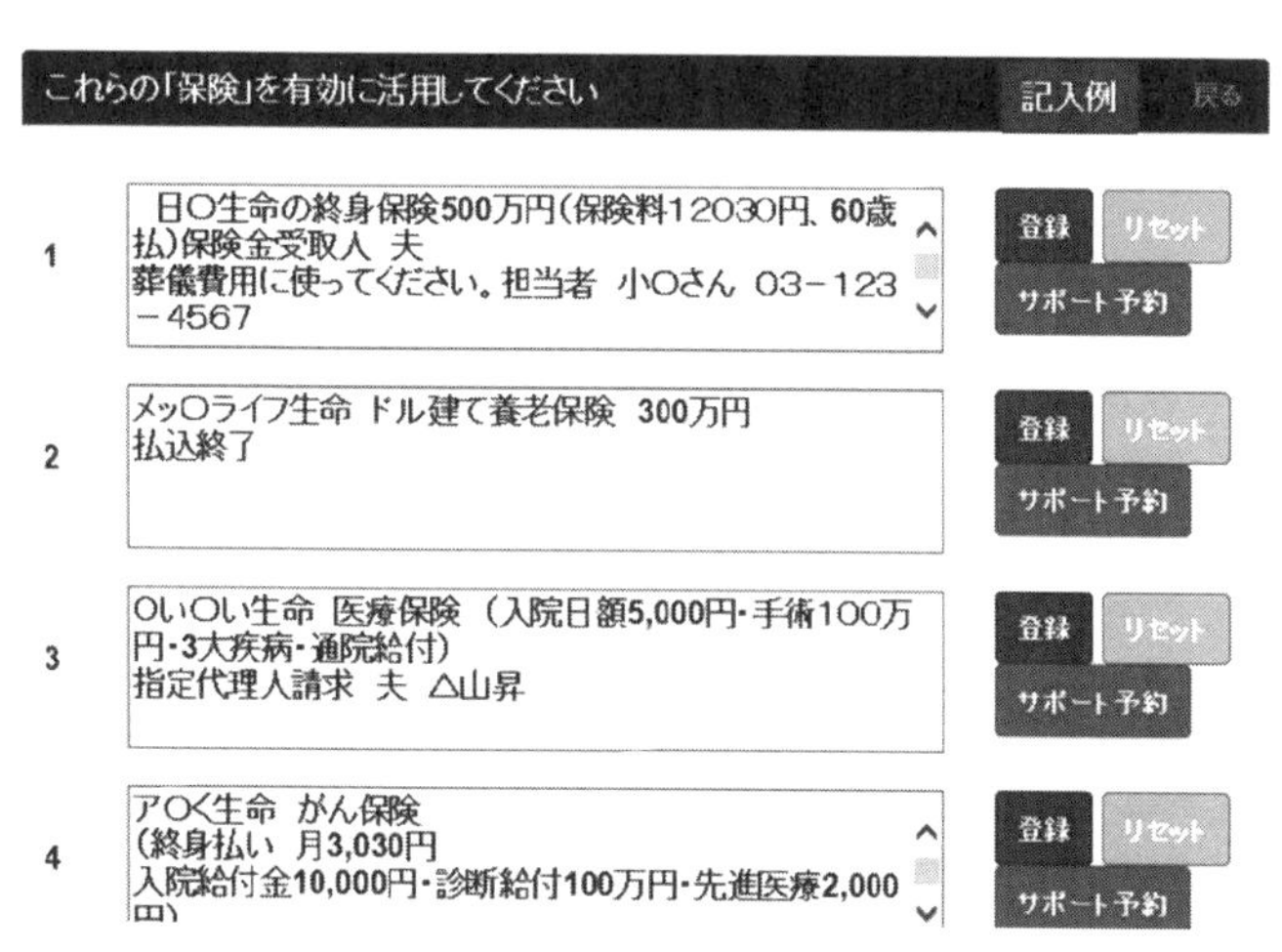

「もしも死んでしまったら（保険について）」

住所変更がされていないと、保険会社からの契約の案内が届かず、家族は契約していることさえわからなくなります。また病気や障害になってからでは調べることが困難なものがありますから、保険関係は全てきちんと調べてリストアップしましょう。

（8）介護についての希望

現在介護を受けていない人は、言語に障害をもったり、認知症になった時には、この欄がご自身の意思を示しますので、とくに重要です。

・施設で介護をしてほしい／自宅で介護をしてほしい／家族にまかせたい
・認知症や寝たきりになってしまった時の、ご自身の考え、希望、意思を書きましょう。
食べ物の好みや嫌いなこと、子供の頃のこと、とても嬉しかったエピソードなどを書いておくと介護をしてくれる人が上手に対応してくれます。そしてご自身も心地よくいられます。

また、現在介護を受けている人は、施設名や担当者、担当ケアマネージャーなども書いておきます。

（9）終末医療についての希望

終末医療の希望や意思も重要になります。植物状態や脳死状態になったら、あなたの考えや哲学、意思が反映できません。また、意思があったとしても、言語障害や認知症など、表現ができなくなる可能性があります。終末医療に関しては、ご自身の考えだけでなく、治療費や介護の労力や時間を費やす、家族・友人、知人のことも考えなければなりません。前章で説明したように、人間は何歳でも心は成長しますから、エンディングノートを書いたり、勉強することによって、人の心が成長して価値観は変動しますので、終末医療の考え方も変わるでしょう。しかし、変わるからといって書かなければ、記録になりません。いつアップデートしても構わないのですから、現時点でのあなたの意思と権利（Ｌｉｖｉｎｇ Ｗｉｌｌといいます）を書きましょう。

２０１６年に抗癌剤のオプジーボが悪性黒色腫以外にも治療が承認されました。オプジーボは、保険治療でも月額２９０万円もかかります。しかも、使用期間が決められていませんから、１年かも２年かもしれません。このような、健康保険を使用したとしても、高額になる治療もありますから、高額療養費制度（公的医療保険における制度の一つで、医療機関や薬局の窓口で支払った額が、暦月《月の初めから終わりまで》で一定額を超えた場合に、その超えた金額を支給する制度）、医療費控除（自分や家族のためにつかった医療費の一部を税金《所得税》から控除する制度で、確定申告をしなければいけません）などを使って、できるだけ医療費を下げる努力も必要ですが、ルールを知らなければうまく活用できません。是非、弊社などの専門家のアドバイスなどを利用してください。

（10）葬儀の仕方とお墓の希望

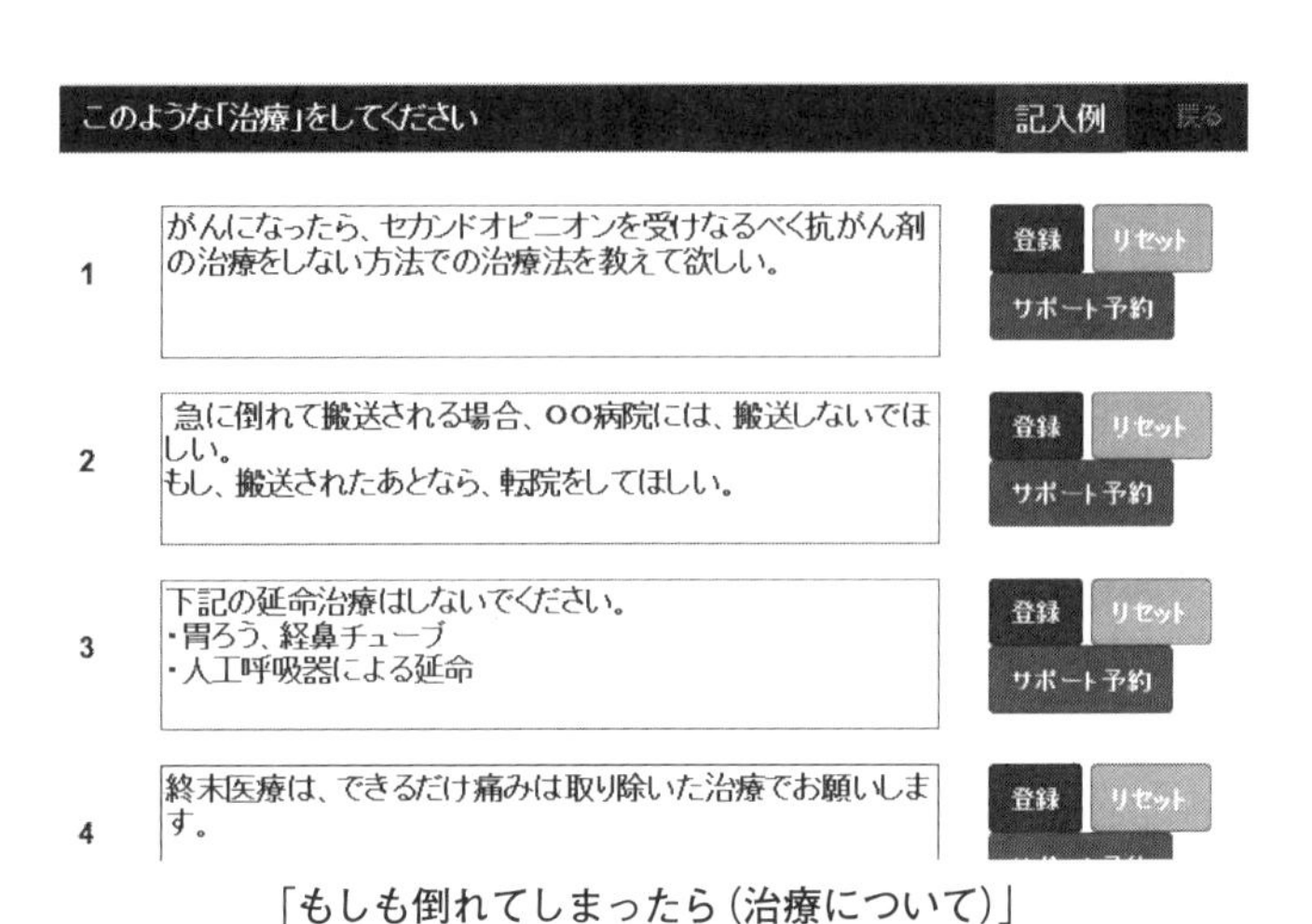

「もしも倒れてしまったら（治療について）」

現在、葬儀とお墓を含めた埋葬の仕方は、急激に価値観が変化しています。以前は、家族の墓地があって、永代家族はそこに埋葬され、3回忌・7回忌・13回忌などと家族で供養される文化が日本には多く見られました。これは、江戸時代につくられた檀家制度によるものですが、憲法が変わり、家督制度の伝統がなくなりつつあること、子供の数の激減で、お墓を維持する経済的余裕がなくなったこと、高齢になって死亡することが多く、それまでに医療と介護と福祉で多額の費用を使っていることなどで、葬儀およびお墓にお金と時間をかけることができなくなってきているからです。亡くなった方の葬儀やお墓は非常に大切なことであり、文化的側面もありますが、残された方々に多大な負担をかけることはできれば避けたいと思うのが人情です。

是非、多面的な要素を考えて、現時点での葬儀とお墓の希望を書いてみましょう。

(11) 自分が生きてきた理由、そして人生の目的、自分が亡くなったあとの周囲の人の幸せについて

さて、ここまでできたら、なぜ自分が生まれてきたのか、自分がすべき人生の目的

もしも、私が死んでしまったら　戻る

まず、この人たちに「連絡」をしてください	記入
「葬儀の案内」はこの人たちに知らせてください	記入
「お葬式」はこうしてください	記入
「お墓・供養」はこうしてください	記入
これらの「保険」を有効に活用してください	記入
これらの「財産」を有効に活用してください	記入
「相続・贈与・寄付」はこうしてください	記入
「形見分け」はこうしてください	記入
「プライベートな日記やデータ」はこうしてください	記入
「ペット」はこうしてください	記入
こんな「私の気持ち」を遺されたこの人に伝えてください	記入
「気がかりなこと」をこの人に話してください	記入

「お葬式」はこうしてください　記入例　戻る

1	親しい人や家族だけの家族葬を希望 祭壇は花で飾ってください。音楽は●●を流してください。 △なか葬儀社　に生前予約をしました。 03－222－3333	登録　リセット　サポート予約
2	遺影写真は、2016年8月にえがお写真館で撮ったNO，2の写真を使用してください。	登録　リセット　サポート予約
3	○○さんに1番に電話して葬儀の日程を知らせてください。 電話04－202－3030	登録　リセット　サポート予約

上／「もしも死んでしまったら　全項目リスト」
下／「もしも死んでしまったら（お葬式について）」

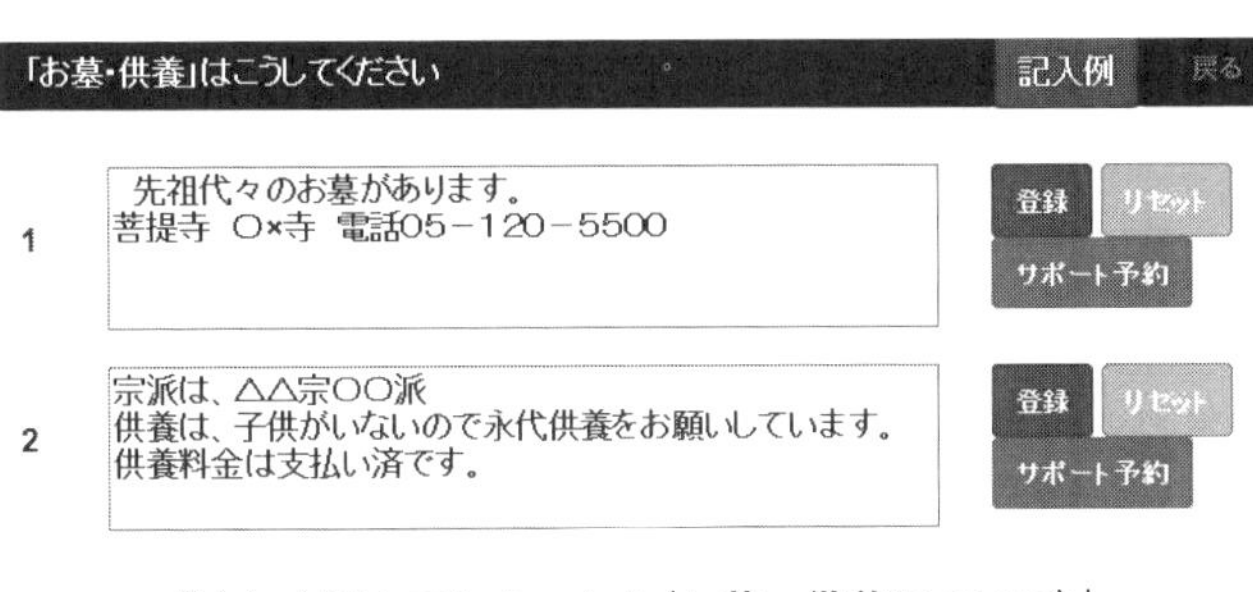

「もしも死んでしまったら（お墓・供養について）」

はなんだったのか、それはどの程度達成されていたのか、それを後悔しないために自分が亡くなった後の周囲の人々を幸せにするためには、どうしたら良いかを書いてみましょう。

(12) 現時点の問題点の列記とその対策

(11)を記載したら、費用の問題、医療の問題、認知の問題、保険の問題などを全て列記しましょう。問題点を書くのはいやかもしれませんが、それを解決しなければ、残された方たちがこれを行わなければなりません。もちろん、全て解決することはできないでしょうが、残された人たちに、解決のヒントを与えることができます。

(13) 幸せの6つの点において、(12)をどのように行うか

第1章で示した、ＳＭＩプログラムによる幸せになるための6つの条件、①家庭、②職業と経済、③社会と文化面、④精神と倫理面、⑤教育と倫理面、そして⑥心身の健康において、最後に自分ができる残された人へと社会への貢献を（12）をもとに訂正をしてみましょう。きっとやりがいのある行動の決断ができるはずです。

（14）遺言書の作成

（13）に基づいて遺言を作成します。相続に関し、もし遺言がない場合には民法に基づいて相続人の相続分を定めていますので、これに従って遺産を分けることになりますが（法定相続）、遺言があれば、あなた（被相続人）の意思が反映されます。

相続とは被相続人であるあなたの財産を、相続人である家族へ承継させることです。なので、あなた自身が自ら築いた財産の行方については、本来被相続人自身が決めるべきですし、決めるのは義務といえます。そして、それを尊重するのは当然のことです。だからこそ、その意思を遺言で示すわけです。これは、人生最後のあなたの意思の集大成です。ですから、一時の感情や感覚、また恩讐などによって決めるのではなく、

（13）に基づいて、あなたが嫌いだったり敵だったりした人も含め、亡くなったあなたの周りの人全てから、尊敬されるべき遺言としましょう。つまり、遺言とは、被相続人であるあなたが亡くなる前に、その最終の意思表示を形にし、この世にはいないあなたが、その思いを死後に実現を図るものなのです。

しかし、遺言は死後に効力が生じるものであるため、法的に基づく厳格な方式に従わなければなりません。あなたがせっかく遺言を作っても、法的に効力がなければ無意味になってしまいます。とくに、あなたが経営者であり、冒頭のケースで示したように事業の創業者である場合、事業規模が大きな場合、あるいは伝統的事業を長期にわたって行っている場合などは、遺言によって会社の命運を決めてしまいます。必ず的確な、つまり（13）に基づいた遺言作成が重要です。

とくに、法定相続では上手くいかずに遺言によって相続をスムースに行わなければならない想定事例を次に記します。

①子供がいない。兄弟は疎遠なので妻に全て残してやりたい。

②先妻との間に子がいて、後妻を迎えている。
③婚姻関係のない内縁のパートナーがいる、また非嫡出子がいる。
④世話になった亡き長男の嫁にも分けてやりたい。
⑤孫、甥などにも財産の一部をあげたい。
⑥家業を継ぐ者に、土地や事業用の財産を残したい。
⑦相続人がなく、世話になった人に遺贈したい。
※注意事項……遺言は民法その他の法律で定められた事項についてのみ有効です。たとえ、法的に形式が有効な遺言であっても、法的効力があるとは限りません。本書は相続の本ではないので、詳しくは相続の成書や専門家に譲りますが、民法、その他の法律で定められた次の事項に限られます。
・遺言の種類……普通様式と特別様式（ここでは割愛します）があり、さらに普通方式による遺言には、①自筆証書遺言、②公正証書遺言、③秘密証書遺言の３つがあります。簡単に長所と短所を記します。

●自筆証書遺言……自筆証書遺言は費用がかからず簡単に作成できるのが特徴ですが、遺言者が、①全文を自筆で書く、②日付を書く、③署名をする、④印を押すの方式が守られていなければ無効になります。また、必ず自分で手書きしなければなりません。他人が書いたものでは、自筆証書遺言とはいえません。また、ワープロ等によって書かれたものも自筆といえませんので無効です。なお、家庭裁判所の検認手続きが必要になります。しかし、遺言書の紙の種類は問いませんので、便箋やノート、あるいは紙の切れ端に書いたものでも有効です。

●公正証書遺言……公正証書遺言とは、公証人に作ってもらう遺言です。公証人が作成するため、書式が不備で無効になることや、原本が公証人役場に保管されるため偽造・変造のおそれがないというメリットがあります。また、家庭裁判所の検認が必要でないため、遺言者の死亡後直ちに遺言の内容を実現することができます。

●秘密証書遺言……秘密証書遺言は、自分が死ぬまで遺言書の内容を他人に秘密しておきたい時に作成する遺言の方式です。遺言書に封を施し、遺言書が封入されてい

	長　所	短　所
自筆証書遺言	・一人で、いつでも簡単に作成できる。 ・遺言をしたことを秘密にしておける。 ・費用がかからない。 ・何回でも書き直すことができる。	・遺言書を紛失したり、死後に発見されないおそれがある。 ・第三者によって変造・偽造されるおそれがある。 ・執行にあたって検認手続きが必要。 ・方式に不備があると無効になるおそれがある。
公正証書遺言	・公証人が作成してくれるので、方式不備で無効になることはない。 ・原本を公証人が保管するので安全。 ・文字の書けない人も遺言できる。 ・検認手続きが不要。	・遺言書の存在と内容を秘密にしておけない。 ・費用を要し、手続が多少面倒である。 ・証人二人以上の立会いが必要。
秘密証書遺言	・遺言書の内容の秘密を守れる。 ・代筆や、ワープロ書きも構わない。	・作成に若干の費用と手間がかかる。 ・執行にあたって検認手続きが必要。 ・証人二人以上が必要。

普通様式の遺言の長所と短所

ることを公正証書の手続で公証してもらいます。公証人役場には封紙の控えが保管されるだけで、遺言書の保管は遺言者にまかされ、公証人は保管しません。

いずれにせよ、有効な遺言を書くには法定の手続を履践している必要があります。遺言の手続につきましては、弊社を含めた専門家を擁するサポート会社や、弁護士・司法書士にアドバイスをしてもらいましょう。

●正しい終活の進め方

さて、人生の終末までに考えておくことを実践し

「遺言書を作りたい」ので正式な手続きを教えてください	記入例	戻る
1	現在の夫、連れ子にではなく財産を実子に譲りたいと考えているが、生存中にできる手続きを知りたい。	登録 リセット サポート予約
2	遺言を公正証書で2016年8月8日作成しました。豊島公証役場にて保管されています。	登録 リセット サポート予約
3	遺言書保管と家族への伝言について、包括安心サポート研究所に依頼済。	登録 リセット サポート予約

「今サポートしてほしいこと（遺言書を作りたい）」

ていただきましたので、ここで正しい終活の進め方の具体例を、弊社を例にして、説明させていただきます。

終活には、本書で進めてきたように、もしもの時のために、医療や介護、相続や事業継承のためにあらかじめ行っておくことと、すでに病気が発生する、お亡くなりになるなどの事象が発生し、今ある眼前の問題を解決することの大きく二つに分けられます。

前者の場合は、本書で繰り返しお話ししてきたような人生設計が重要であり、後悔しないよりよい人生設計とすべく専門家と話し、整理しながら計画を立てます。あるいは専門的な見地からアドバイスをします。保険や年金や相続だけではなく、医療に関しては本書で示したようなマクロ経済的見地、あるいは病気の質の変化に対応しなければなりませんから、その見地においてアドバイスを行います。また、将来の介護施設の相談や案内もいたします。

その上で、全方面的な調査を行い、カウンセリングへと移行します。カウンセリングの後、実際に資産の整理や治療の開始、相続の手続きの開始、そして事業継承などを行います。

多くのエンディングノートのマニュアルやサポート会社が、紙上やノートでエンディングノートの作製をアドバイスしていますが、弊社では、エンディングノートはWeb上で行っています。その理由は、紛失したり、保管先が不明になったりすることが多いこと、またしまいこんで家族に見つけてもらえない、生前に家族に見られたくない、災害の時になくなる、書き換えを忘れる、などのトラブルが起こることが多いからです。Web上であれば、思いついた時、いつでどこでもスマホやパソコンから随時、日記のように入力や変更可能です。最も大事なことは、死亡時にエンディングノートに書かれていることの実行を、誰が実行するのか、ということです。死亡時は、誰に連絡するのか、プライベートな品は誰に渡すのか、見られたくないものの処分はどうするのか、家族にお願いできないものはどうするのか、家族が先に亡くなったらどうするのか……。これが、Web上で弊社にサポート依頼ができる仕組みになっています。実行されなければ、エンディングノートは意味のないものになってしまい、クライアントの生前の願いが叶えられないからです。

弊社は、

Ｌｉｆｅ

Ｌｏｖｅ

Ｌａｎｅ

の３つをとってエルノート®というＷｅｂ上のノートを作りました。

また、すでに何かが起こっている状態である後者の場合も、弊社では緊急手続きと付き添い、お亡くなりになった時の遺産の整理処理とその代行、喪主・葬儀代行などのサービスも行っています。

本書で繰り返しお話ししているように、超々長寿社会である日本では、「死」の準備の前にくわえ、老いの準備が非常に大切です。でもこのことは、長寿がリスクとなるのではなく、自分が生まれてきた理由と人生の目的を知るための心の成長のためと気づくことなのです。

弊社、包括安心サポート研究所では、次のようなサービス事業を行っています。

【もしもの時のプライベート秘書サービス（家族代行）】

後悔しない人生設計の作成や問題の相談と解約の実行サポートを行います。心身のコントロール不能時には、ご本人やご家族の代わりに手となり足となりサポートを行う、家族代行の専属秘書サービスです。

家族代行サポートにより、一人では気づかないリスクに気づき、予防できます。健康寿命の延命・認知症早期発見・悪徳販売購入の防止・孤独死防止。認知症発症時や介護時の財産保全・介護争いや相続争いの予防・介護や看取りのサポートをする人の確保ができます。

①見守りサポート

- 定期面談、お元気コール（電話確認）
- 追加見守り…センサーによる生存確認・警備保障ガードマン緊急駆付け

②緊急時サポート・身元保証

・入院、施設入所、賃貸住宅入居時の保証人
・緊急搬送や逝去時の24時間受付
・緊急連絡の対応…延命治療や臓器提供の有無の伝達、葬儀手配連絡、家族友人への連絡
・逝去時の対応…指定の方へエンディングノート記載の依頼事項の伝達と実行の代行、ノートやメッセージのお届け
・緊急入院時の入院誓約書・同意書・契約書の身元保証
・施設入居時の契約、身元保証
・身柄の引取

③財産お守りサポート

・認知や心身のコントロール不能時の生活資金管理と監督
・逝去後の財産分与や有効活用の手続き代行

④寄り添いサポート

・生活サポート（介護保険外サービス）
・旅行・通院の付き添い、お墓詣り・お見舞い
・葬儀や墓・埋葬先、老人ホーム見学の同行

⑤包括治療サポートサービス

・往診、訪問看護サービス
・セカンドオピニオンサービス
・医療機関の紹介、医師の紹介
・人間ドック紹介サービス
・終末期における癌免疫療法、遺伝子治療などの高度な治療の施術、東洋医学などの治療の紹介
・包括治療による、「正しい治療」の案内、安心安全家族との時間を増やせる治療の紹介

⑥ペットの終活

・飼い主の亡き後や入院時のペットのお世話

・ペットの里親探し、介護施設探し、葬儀や埋葬の代行のサービスを取り継ぎます。

・ペットのエンディングノート作成のサポートをします。

⑦健康・生きがい作りの活動

健康寿命延命と生きがいある人生を送るための情報提供やエンディング設計、シニア人生設計の作成サポートを行っています。セミナーやイベントを通じて地域支援やコミュニティー作りの活動を継続的に開催しています。

また、介護施設にいくほどでもない既往症や病気を抱えている人が、家族がいないために、介護施設に入らざるをえない人がいます。そんな人のために、私たちの【見守りサポート＋包括医療でサポート】で、健康で文化的な生活が可能になります。医療サポートまで行えるのが、弊社の最大の特徴です。

（文／大和泰子）

計画した人生設計の見直し中。「仕事もゴルフも生涯現役」の計画と、将来一人になった時のリスク確認

病気の家族の資金準備と緊急時の連絡の連携についての準備中

09 終章 心と体の健康のために

●医療を観光と並ぶ我が国の産業に！

現在、テレビ番組や週刊誌などで、医療の特集・報道がとても多くされています。医療番組などは、ほぼ毎日ゴールデンタイムでバラエティー番組化しているほどです。週刊誌、経済誌などでは、良い医療機関や医師を特集して紹介する一方、間違った手術、間違った投薬など、具体的なオペの名称や薬剤名まで出して、注意喚起も呼び掛けています。また、病院や医師が金儲けのために無駄なオペや投薬をしているなどの医療バッシングの週刊誌報道も多く見られ、経済問題としては、高コレステロール血症治療薬のレパーサおよび抗癌剤のオプジーボなど、非常に高額な保険適応薬が承認され、医療経済のみならず、国家経済にまで影響するのではとの懸念の新聞記事なども多数掲載されています。

10年20年前では全く考えられない、まさに医療情報の公開戦争のようです。この理由は、日本国民自体が高齢化し、健康に問題を抱えている人が激増していること、そのために医療情報に飢えている国民も激増していること、そして本書でも繰り返し述べた、国民皆保険制度の疲労とほころびが出始め、国民が求めている医療と現場の医療制度とのギャップがあまりにも大きくなっていることで、全国民的に医療問題に関心が高くなっているからと強く想像できます。

この問題提起は、決して一時的なブームではないでしょう。できるだけ早く、医療と福祉と介護の問題、およびマクロ経済としての医療財政問題を解決しなければ、かつての年金問題以上に後の世代にツケを回すことになってしまいます。絶対に早いうちに抜本的な解決を行わなければなりません。

しかし、そのためには正確な情報とその開示、ＧＨＱと当時の日本政府が先送りしてしまった医療問題の検証と確認、また今後50年、１００年先を見据えた、高い国家観と、医療を観光とならぶ我が国の輸出入産業として見ることのできる、国際的視野が必要になります。正に、維新の前夜の状態なのが現在の日本の医療問題なのです。

さて、このマクロ経済的問題がなぜミクロ経済の問題である個人の終活に関係があるのでしょうか？　それは、高度な医療が国民皆保険制度によって浸透し、慢性疾患を患ったまま死なずに生きていける環境が日本人を超高齢化させてしまったからです。香港・アイスランドのように、小数点以下の数値で日本より長寿の国・地域は存在します。しかし、日本はこれらの国や地域にくらべ、圧倒的に人口が多いのですから、マクロ経済的レベルの、いや国家的レベルの危機が訪れてしまったのです。

人口の高齢化に伴って高齢者の医療費が増えるのはある程度は仕方がないかもしれません。しかし、その内容を詳しく見ていくと、そんな問題ではないことがわかります。例えば、昨年75歳以上の人が1年に使った医療費は1人当たり平均で93万1０００円です。75歳未満は21万1０００円だから何と4倍以上です。65歳以下の現役世代はさらに少ない医療費しか使っていません。何かシステムの異常があることがわかります。

医療費全体の3分の1以上を占めるようになった75歳以上の医療費がこのまま増え続けていくのであれば、保険制度はおろか、国の財政を大きく揺るがします。しかも、高齢者の医療費は自己負担率が低く、保険収支を直撃していくのです。公的な医療費の毎年の激増という問題が毎月の保険料や消費税に影響し、家計や企業が負担する社会保険料に大きく影響し、ミクロ経済までも医療によって悪化しているからなのです。

●解決しなければならない8つの問題点

解決しなければいけない問題は、8つあります。

第1は、個人の寿命と健康寿命をできるだけ一致させること。これによって、長寿リスクを圧倒的に低下させることが可能です。

第2は、そのためには、現行の「療養の給付」という医療制度のみに依存せず、治療は「原因除去療法」を行い、予防は「発症前診断と発症前治療」を行う、『正しい医療』を行うことです。

第3は、『正しい医療』においても経済合理性を重視し、現行の現役世代に負担を求める方法ではなく、とくに高齢者に対しては対費用効果の高い治療を行うことが重要です。

第4は、対費用効果の高い治療のためには、東洋医学と西洋医学の融合、そして歯科と医科の融合した治療である、『包括治療』を行うことです。本書の中で、旧郵政省と旧大蔵省との対立が、脱税の温床になっていた点を指摘しましたが、これは歯科と医科が医科大学と歯科大学という異なる学校制度、異なる保険医療制度、医師会と歯科医師会など異なる団体であることとそっくりです。

日本は医学歯学別制度を取る国です（海外では、医学部の中に、歯学科があるところや、医学部を卒業してから歯学部に行くところもある）。医学部でも歯学部でも大学は6年生であるが、4年次くらいまではほぼ同じ教育カリキュラムです。歯学部であっても、献体されたご遺体を、頭の先からつま先まで1年かけて全身の解剖を徹底的に行います。内科学も外科学も習うのです。非常に似た教育制度なのですが、分かれていることで無駄も多いのです。

これは戦前の日本において、海軍と陸軍にそれぞれ海軍省と陸軍省があり、海軍大臣と陸軍大臣が存在し、海軍士官学校と陸軍士官学校と別れていた構造にそっくりです。名機零戦も、海軍と陸軍では、ネジの規格まで異なり互換性がありませんでした。海軍大臣と陸軍大臣が存在することで、派閥争いが起こったことも、敗戦の原因の一つといわれています。

この縦割り構造による弊害は、歯科と医科だけでなく、東洋医学と西洋医学にも当然当てはまります。本書で述べたように、江戸時代までは漢方医も鍼灸医も医師でした。今ではなくなってしまった口中医などは、まさに歯科と医科の境界領域を専門とした、最も尊敬されている医師であったのです。

第5は、この包括・融合した医療を行うためには、何を変えるか、という点です。日本の一人一人の医師の技術、知識、倫理観、経済観は本当に素晴らしいです。一医師個人にはなんの責任もないと思います。また、病院やクリニック、医科大学なども、多少の問題こそあれ、多くの医師や大学などの教師陣は本当に真面目に各々の仕事をしています。やはり、変えるべきは、医療制度です。

第6に、なぜその医療制度が変わらないか、といえば、利権があるからでも、変える勇気がないからでもありません。それは、現行の国民皆保険制度が素晴らしい、という洗脳が日本国中に広まってしまっているからです。この洗脳も、決して国民を騙したり陥れたりするのが目的ではなく、1945年～1960年まで、敗戦して貧しい日本国にとって、できるだけ早く、幅広く国民の公衆衛生を改善するという目的のために取られた方策としては、最も正しい選択であったのです。誰も悪くありませんでした。途中で変えればよかっただけなのです。

第7として、ではなぜ途中で豊かになった時期にこの制度を改革できなかったのか、という問題です。実は、医療にかぎらず、日本は戦後、あらゆる分野で国民皆保険的な制度が多数存在しました。第一は旧国鉄の運賃です。日本中、単線と複線、蒸気機関車、ディーゼルカーと電車、一日に5本しかないローカル線も、2分おきにくる山手線も、どのような環境であったとして、旧国鉄は同一区間同一料金の原則であったのです。これは旧電電公社も同じ。日本中、どこにかけても3分10円の時代がありました。品川から新橋に電話をかけても、札幌から福岡にかけても、3分10円の電話料金でした。

道路公団も同じです。東名高速のように、すでに建設費の償還が終わった道も、地方の山脈を貫くトンネルだらけで1メートル工事するのに1億円建設費がかかる高速道路も、同一区間同一料金でした。郵便もそうでした。はがきは1枚10円で日本中どこへでも届く。そして、これら建設の財源は、国民の郵便貯金などを財政投融資という形に変えた特別会計によって、どんどん建設が行われてきたのです。

現在、これらの公団や公社は解体されて、独占企業から、競合する会社になり（まだ不十分なところは大いにありますが）、料金は状況に応じてできうる限りリーズナブルなものになりつつあります。そして、最後に残っている社会主義的制度改革が、医療の『民営化』と『自由化』なのです。

よく、この議論を行うと、「イギリスはゆりかごから墓場までを面倒見る、理想的な高福祉国家だ！」とか、「北欧は、高福祉高負担であるが、高い医療サービスを受けているではないか」とか、「アメリカは貧困の人には冷たく、金持ちだけが医療を受けている酷い国だ！」といった話が出ます。しかし、これらは一部はあっていますが、すでに現在では間違えている情報も多いのです。

あまり知られていませんが、イギリスはもう10年以上前にいわゆる無償の公的国民皆保険制度を止めています。日本が手本にしたドイツの医療保険制度も、東西ドイツが一緒になった時点で全く違う制度になりました。しかも歯科は保険から切り離されて自費、あるいはこれを支払う民間保険だけになりました。北欧も、本書の中で述べた通り、保険の運用が株価に依存する制度になっているため、金融の国際化と自由化の流れの中で、リーマンショックなどの他国の経済問題で、保険制度が動かなくなってしまうのです。

そもそも社会主義国家である中華人民共和国ですら、医療制度は自費治療制度であるし、東南アジアの全ての国々も医療は自費治療制度です。ここでいう自費治療制度とは、これを支払う民間保険や、これらを政府や政治がコントロールしている保険制度も含みます。アメリカは年収250万円以下では、自費治療制度では良質な医療が受けられないことが示されています。が、それ以上の年収の人は、日本の自費治療制度とは異なり、民間の保険会社を利用した支払い制度が浸透しているため、患者は民間保険会社の契約書を医師に示し、自動車保険と同じように医師と保険会社での金銭のやり取りが行われるシステムです。

日本の2015年の大卒の平均所得は男性594万円、女性423万円であり、中卒の20〜24歳の平均所得は251万円でした。国が違うので、一概には決していえませんが、アメリカの「年収が250万円以下では、自費治療では良質な治療が受けられない」という数値を当てはめてみますと、日本はこの収入以下を国民皆保険制度にすればよいのであって、それ以上は民間保険会社による医療保険制度を導入すればよい、と思われます。この仮定ですと、日本では中卒の20代でも自費治療のほうが良質になる、という結論となります（そのためには、民間保険会社が医療保険に参入している、という条件がつく）。

そして最後の8番目が、この洗脳されてしまっている状態を正常に直す、つまり脱洗脳することです。しかし、冒頭で述べた通り、国民はもう何かが間違えていることに、相当気が付き始めています。医師の技術が日本全国全員同じわけがないこと、どの病院に行っても同じ技術レベルで治療ができないことはわかっているので、より良い医師や病院に掛かりたく求めているために医療テレビ番組の視聴率が高いのです。脱洗脳は終わりかけです、すでに解決の前夜なのです。

●心と体の健康のために『正しい医療』を

本書は終活のための本です。良い終活とは、遺書を書くことでも、墓石を選ぶことでも、葬儀会社を選ぶことでもありません。保険を組み合わせることでもありません。健康な体と心をもち、心が最期の瞬間まで成長する。これによって、その人の寿命と健康寿命が一致し、できるだけ介護のない状態で家族や周りの人たちと最後まで幸せに暮らし、その人がこの世に生まれてきた証を残して、次世代にこれを紡いでいくことです。

そのために一番大切なことが、「心と体の健康」です。そのために、『正しい医療』が必要なのです。

本書を書くにあたり、株式会社かざひの文庫の代表磐﨑文彰様に短期間での編集をしていただき大変お世話になりました。心より感謝申し上げます。また、磐﨑様をご紹介いただいた、公私ともにご指導をいただいております、一般社団法人天馬会の西野一夫会長に深甚なる謝意を表したいと存じます。

（文／吉野敏明）

吉野敏明

岡山大学卒、医療問題アナリスト、歯科医師・歯周病専門医・指導医、慶応大学医学部非常勤講師、歯学博士。日本における、歯周病原細菌検査を用いた歯周治療の第一人者。平成26年、全身と口腔および東洋医学を包括した治療を行う誠敬会クリニック開設。同年、精神科病院の医療法人弥栄病院（病床280床）理事長に就任、精神と口腔を融合した治療を行う。著作の『口元美人化計画』（ディスカヴァー・トゥエンティワン）はAmazon美容外科部門1位を2度取得。平成27年、一般社団法人包括治療政策研究会理事長就任、平成28年、一般社団法人包括安心サポート研究所理事就任。

田中肇

1957年生まれ、経済評論家、公認会計士、税理士、上場準備コンサルタント、事業再生コンサルタント、病院経営コンサルタント。1981年中央大学卒、朝日監査法人（現あずさ監査法人）、三優監査法人、三優BDOコンサルティングを経て独立。主な著書に『ベンチャーマネジメントの変革』（日本経済新聞社 共著）、『やさしい原価計算の導入の仕方』（中経出版）、『寺院住職の為の会計と消費税』（日本法規）などがある。

大和泰子

一般社団法人包括安心サポート研究所代表理事・株式会社WishLane代表取締役。終活アドバイザー、CFP®（ファイナンシャルプランナー）、相続診断士®などの資格を持つ。家族に恵まれなかった幼少時代の不安と孤独を突破し、今は3世代同居の幸せ家族。これまでに独りで誰にも看取られず亡くなる顧客を何人か見送り、幼少の頃の孤独と重なり「孤独で苦しむ人を減らしたい」と思うに至る。5000人の保険コンサルティングの経験から、保険の「資金準備」だけではなく、生涯にわたる「お金」「こころ」「体」のトータルサポートの必要性を訴え、病気や介護になった時は家族代行の業務を行なっている。

お金と病気で悩まない！

本当に正しい医療が終活を変える

著者　吉野敏明、田中肇、大和泰子

2016年9月22日　初版発行
2021年8月15日　2刷発行

発行者　磐﨑文彰
発行所　株式会社かざひの文庫
〒110-0002　東京都台東区上野桜木2-16-21
電話／FAX 03(6322)3231
e-mail:company@kazahinobunko.com
http://www.kazahinobunko.com

発売元　太陽出版
〒113-0033　東京都文京区本郷3-43-8-101
電話 03(3814)0471　FAX 03(3814)2366
e-mail:info@taiyoshuppan.net
http://www.taiyoshuppan.net

印刷　シナノパブリッシングプレス
製本　井上製本所

装丁　BLUE DESIGN COMPANY
DTP　宮島和幸（ケイエム・ファクトリー）

ISBN978-4-88469-883-6